逢先知文丛

逢先知 著

恢人说史

三联书店

Copyright © 2019 by SDX Joint Publishing Company.
All Rights Reserved.

本作品版权由生活·读书·新知三联书店所有。
未经许可，不得翻印。

图书在版编目（CIP）数据

怀人说史/逄先知著.—北京：生活·读书·新知三联书店，2019.6（2024.8重印）
（逄先知文丛）
ISBN 978-7-108-05948-2

Ⅰ.①怀… Ⅱ.①逄… Ⅲ.①田家英（1922-1966）－生平事迹－文集②胡乔木（1912-1992）－生平事迹－文集③胡绳（1918-2000）－生平事迹－文集④龚育之（1929-2007）－生平事迹－文集　Ⅳ.①K827=7②K825.81-53

中国版本图书馆CIP数据核字（2018）第244058号

责任编辑	唐明星
装帧设计	蔡立国　刘洋
责任校对	常高峰
责任印制	董欢
出版发行	生活·讀書·新知 三联书店
	（北京市东城区美术馆东街22号　100010）
网　　址	www.sdxjpc.com
经　　销	新华书店
印　　刷	三河市天润建兴印务有限公司
版　　次	2019年6月北京第1版
	2024年8月北京第3次印刷
开　　本	635毫米×965毫米　1/16　印张16.25
字　　数	140千字
印　　数	11,001-13,000册
定　　价	39.00元

（印装查询：01064002715；邮购查询：01084010542）

逢先知工作照

1960年3月8日,在广州通读《毛泽东选集》第四卷期间,田家英与逄先知摄于广州小岛宾馆

逄先知向胡乔木汇报工作,胡乔木开心大笑

逢先知、金冲及向胡乔木汇报工作。右起：胡乔木、逢先知、金冲及

逄先知与龚育之在一起,摄于1998年2月20日

2001年7月14日,逄先知与原四川省新繁县大丰公社干部座谈

2001年7月14日,逄先知在1959年大丰公社调查时所住生产队队部门前留影

在胡乔木塑像揭幕式上讲话

在胡乔木塑像揭幕式上,左五为胡绳

总　序

　　1950年3月，我从华北人民革命大学分配到中南海中共中央书记处政治秘书室。这是一个专门为毛泽东主席和其他几位中央书记处书记处理群众来信来访的工作机构，后来改名中央办公厅秘书室。从同年11月起，我在田家英同志领导下，管理毛主席的图书并先后参加《毛泽东选集》一至四卷的编辑工作，担任他的秘书，直到1966年5月"文化大革命"开始。这期间，曾随田家英同志（时任中央政治研究室副主任）在中央政治研究室（毛主席决定成立的）工作了三年多；参加过毛主席指派田家英同志领导的几次重要的农村调查和工厂调查；协助田家英同志起草过一些中央文件。

　　"文革"中我被隔离审查，在秦城关了七年多。1975年，根据毛主席的指示，我和关在秦城的许多同志一起被释放，恢复了自由。我又到中办"五七学校"劳动锻炼了两年多。1977年恢复工作，任职于中国科学院政策研究室。

　　1980年，毛泽东主席著作编辑委员会办公室改组为中央文献研究室，继续编辑毛泽东的选集和其他专题文集。由于我参加过《毛泽东选集》编辑工作，组织上把我从中国科学院调到中央文献研究室。2002年，我七十三岁时从中央文献研究室的领导工作岗位上退下来，办了离休手续，后又继续工作了十年，直到2013年《毛泽东年谱（1949—1976）》出版，时年八十四岁。我于1983年被评为编审。算起来，我在中央文献研究室实际工作了三十四年，成为一名党的文献工作者。我热爱这个工作，投入了全部精力。在这三十四年里，就编研业务方面来说，我主要从事的是毛著、毛年谱、毛传的编辑和撰写工作，还参与主持《邓小平文选》一至三卷的编辑工作。

我没有什么专著，主要是结合编研工作，在报刊上发表了一些文章。从这些文章中，大体可以看出我的工作经历。

三联书店的同志提出，要为我出一套文丛。我从多年来发表的文章中选出五十九篇，按内容主题分为四册。所有这些文章，除个别篇目外，都按照发表时间顺序排列。本书引用毛泽东、邓小平的文章，均根据人民出版社1991年出版的《毛泽东选集》第2版、人民出版社1994年出版的《邓小平文选》第2卷和1993年出版的《邓小平文选》第3卷。

第一册《伟大旗帜》，谈毛泽东和毛泽东思想。这是我参加毛著、毛年谱、毛传编撰工作中写的心得体会文章，和在几次毛泽东思想研讨会上做的报告和讲话。这些文章、报告和讲话，着重介绍毛著、毛年谱、毛传，强调坚持和发展毛泽东思想，论述毛泽东的历史功绩，以及如何看待毛泽东晚年所犯的错误等，可以看作我对毛泽东和毛泽东思想的研究成果。第一册开卷篇《中国人民革命胜利的伟大纪录》，是介绍《毛泽东选集》第四卷的，发表于1960年的《中国青年》杂志。这是文丛中唯一一篇"文革"前写的文章，距今已五十七年，不可避免地带有当时的历史烙印。有五篇写毛泽东读书生活的，记录了我为毛泽东管理图书的所见所闻，为世人留下一些毛泽东读书情况的记忆。这五篇文章曾收入三联书店出版的《毛泽东的读书生活》一书。

第二册《光辉道路》，谈中国特色社会主义理论。主要介绍邓小平著作和他的中国特色社会主义理论（中共十五大定名为邓小平理论）。其中一个内容是阐述毛泽东思想和中国特色社会主义理论的关系，强调后者是对前者的继承和发展。我一直认为，这是一个非常重要的问题。把这个问题说清楚了，就可以理解中国共产党的指导思想是一脉相承的，又是与时俱进的，是马克思主义在中国具体化的历史发展过程。任何把毛泽东思想和中国特色社会主义理论割裂开来、对立起来，都是错误的。在第一册的文章中，也特别论述了这个问题。中国特色社会主义理论在实践中不断发展。继邓小平理论之后，经过江泽民提出的"三个代表"重要思想、胡锦涛提出的科学发展观，形成习近平新时代中国特色社会主义思想，成为中国共产党长期坚持的指导思想。

第三册《关键在党》，谈中国共产党的建设和党的历史。这一部分是以毛泽东思想、中国特色社会主义理论、十八大以来习近平总书记的有关讲话精神为指导，论述党建与党史方面的一些问题。这些文章主要是回答：为什么必须坚持中国共产党的领导；中国共产党有哪些独特的优势；在新的历史条件下，如何加强党的建设；怎样做一个合格的共产党员，等等。还有几篇关于中共党史的论文。有几篇我认为比较重要的，是针对党内和社会上出现的一些错误思潮，有针对性地发表的个人看法。其中《回顾毛泽东关于防止和平演变的论述》一文，曾由中央文献出版社出版过单行本。

第四册《怀人说史》，收集了为缅怀我所敬仰的几位领导同志田家英、胡乔木、胡绳和好友龚育之同志所写的纪念文章。其中《毛泽东和他的秘书田家英》是为纪念田家英同志写的长篇回忆文章。它从一个侧面，反映了"由40年代到60年代的毛泽东的思想变化，进而了解这一期间的中国共产党和中国历史命运"（胡乔木语）。文中着重记述了毛泽东派田家英组织的几次农村调查的来龙去脉，这几次调查我都参加了。这篇文章曾在几家中央级报刊连载，收入中央文献出版社出版的《毛泽东和他的秘书田家英》一书。胡乔木同志为此文写了一篇《校读后记》。《我所了解的胡乔木同志》，原题为《永远怀念胡乔木同志》，是笔者在胡乔木诞辰八十二周年纪念座谈会上的发言，收入文丛时做了大量补充，篇幅增加了两倍。增加的内容都是从我的笔记本中摘录的,是当年胡乔木同志同我或我们的谈话记录。

另外,根据原中央办公厅秘书室五位老同志的座谈情况和另外一些知情的老同志提供的回忆材料,整理而成并在《炎黄春秋》发表的《揭穿〈戚本禹回忆录〉中的谎言》一文,作为附录收入第四册。此文由我执笔整理。

最后,做一点说明。除了文丛第四册的《我所了解的胡乔木同志》一文,其他文章均保持原貌,主要校正了个别史实的错讹,做了一些文字修改。

逄先知

2018年7月

目 录

毛泽东和他的秘书田家英　1

校读后记　　胡乔木　105

成都大丰之行感言　109

纪念田家英同志　115

我所了解的胡乔木同志　117

在胡乔木塑像揭幕式上的讲话　154

高深的理论修养　厚重的史学功底　156

胡绳同志教我们怎样读书做学问　162

严谨的学风　科学的态度　169

　　　　※　　　※　　　※

附录　揭穿《戚本禹回忆录》中的谎言
　　　——关于《在中南海工作的日子》部分　175

毛泽东和他的秘书田家英*

毛泽东一生中，先后任用过很多秘书，他们当中不乏才华出众的优秀人才，田家英就是其中的一位。田家英从1948年10月（时年二十六岁）到1966年5月（时年四十四岁）任毛泽东秘书，长达十八年。

1950年3月，我调到中共中央书记处政治秘书室，第一次见到田家英，从此就一直在他的领导下工作。从1950年11月起，我又开始负责管理毛泽东的图书，在毛泽东身边工作，直到1966年5月我离开中南海。

我在这篇文章里，根据自己的亲见亲闻，向读者介绍田家英是怎样给毛泽东当秘书的，他们的关系是怎样的，并以此为主线，记录一些有关他们两人的史实。

---

* 这篇文章最早收入中央文献出版社1989年12月出版的《毛泽东和他的秘书田家英》一书。

一、初试

田家英跟我讲过他初到毛泽东那里工作时的情景。毛泽东问他："你到我这里工作有什么想法？"田家英回答说："不求有功，但求无过。"田家英的回答显然不能令毛泽东满意，但却是他的心里话。谁都知道，给毛泽东当秘书谈何容易，田家英当时才只有二十六岁，他知道这个工作的责任和分量。有一次，毛泽东请田家英吃饭，田家英本来是很有酒量的，但是这次只喝了一点酒就醉了，这也可以看出田家英初任秘书时的紧张心情了。

田家英"上任"不久，毛泽东向他口授意见，要他起草一份电报，当场交卷。据田家英说，这是对他的一次"考试"。不久，毛泽东又派他到东北城市去做调查。田家英问主席有什么指示。毛泽东没有出题目，只是说，你就是到处看，看街道，看商店，看工厂，看民情，回来汇报。这大概也是毛泽东考察干部的一种特殊方法，是对田家英的又一次"考试"。

毛泽东选田家英做秘书，是由胡乔木介绍的。1943年，田家英在延安曾由胡乔木从中央政治研究室调到中宣部工作（胡当时奉命暂代因病休息的中宣部部长凯丰的工作）。胡乔木很赏识田家英，便把他推荐给毛泽东。田家英正式担任毛泽东秘书的时候，党中央已经到了西柏坡。其实，早在延安的时候，毛泽东就注意了田家英这个名字，对他在《解放日报》发表的一些论史的杂文颇为赞赏。有一次,田家英给机关干部讲古文,毛泽东正好散步走到教室附近,为田家英的讲课所吸引,就停下脚步在窗外听起来。

二、深厚的友谊,共同的情趣

毛泽东与田家英在长期的相处之中,建立了深厚的感情。毛泽东很喜欢田家英,田家英也热爱毛泽东。

在50年代,几乎每天晚上,毛泽东都要找田家英去谈话或交办事情。他们交谈的内容很多,范围很广,从古到今,从政治到生活,每次都有新题目。毛泽东是政治家,又是诗人和文学家。田家英佩服毛泽东学识渊博,思路开阔,记忆力过人。他在思想和政治上的成长、发展受到毛泽东的巨大影响。柳亚子曾在日记中写道:"田家英来谈政治与旧诗,所见到颇深刻,意者受毛主席的影响欤?"[1]

田家英有逛旧书店的癖好,我们常常在晚饭之后去琉璃厂,每次都是抱着一捆书回来。有几次,毛泽东有事找田家英,卫士还把电话打到了琉璃厂的旧书店。

记得是1951年,田家英患了重感冒,毛泽东去看望他。田家英感到很温暖,对妻子董边说:"主席感情很重,对身边的人都很有感情。"过了两天,是一个星期天,江青也来了,一

---

[1] 引自柳亚子1949年5月10日日记,见《柳亚子文集》自传、年谱、日记,第365页。

进田家英的卧室就说:"啊呀!你住的房子像狗窝。"田家英听了十分反感。当时,田家英住在中南海静谷院内的一处三间西厢房,卧室就套在办公室里面,不到三平方米,刚刚放下一张单人床,屋内很潮湿,有一股刺鼻的霉味,地板也烂了。田家英在这里整整住了九年。在田家英住进来以前,即1949年夏,胡乔木一家已在临近北面的另一处三间西厢房住下了,那里略大一点,其他条件相同,毛泽东也曾去看过他们。1950年下半年,胡乔木因被任命为中宣部常务副部长兼秘书长,迁往春藕斋北面偏西的来福堂,他们不再是近邻,不过仍过从甚密。附带说一下,以上说的地方由于几经拆建,现在多半早已踪迹全无了。

1958年党中央号召干部下放,有几位省、市委书记向毛泽东提出,希望把田家英下放到他们那里工作,这些要求都被毛泽东拒绝了。毛泽东说:"田家英我不能放,在这个问题上我是理论与实际不一致的。"

毛泽东关心人,不但关心身边工作人员,也关心他们的家庭和爱人。毛泽东是一个细心的人,每到星期六主动要秘书回家过礼拜六。毛泽东每天工作那么忙,考虑的问题那么多,还想到这些细微的事情,不能不使人感动。有一次田家英出差,毛泽东特地嘱咐他要带上爱人董边。田家英说:"我带不动她。"毛泽东问董边在哪里工作,别人回答说,办《新中国妇女》杂志。毛泽东说:"噢!她也是一个写文章的人,和田家英一样。"

毛泽东的俭朴生活和对子女的严格要求,给田家英留下难忘的印象。1949年毛泽东刚从香山住进中南海丰泽园,一位身边工作同志见毛泽东坐的木椅太破旧,出于好心,换了一把新的。毛泽东一见就发火了,把那位同志找来,指着椅子对他批评了一顿,并再三嘱咐,以后不得再换。毛泽东的女儿李敏、李讷住在中南海,都在机关的大灶食堂同普通工作人员一起吃饭。田家英对董边说:"主席对子女要求严格,他们生活俭朴,没有特殊,领导人都应当这样对待子女。"

我还记得另一件有关的事。那是1950年,有一天毛泽东的女儿在院子里唱"没有共产党就没有中国"。毛泽东听到了,立即给她纠正,说没有共产党的时候,中国早就有了,应当改为"没有共产党就没有新中国"。在此之后,毛泽东把这个问题正式提到中央的会议上来。从此,这首流行全国、人人会唱的名歌中的这句话就改过来了。[1]

毛泽东的大儿子毛岸英长期住在国外,中文基础较差,又缺乏对中国社会的了解和实际斗争的锻炼。1948年12月毛泽东要田家英担任毛岸英的语文教员。1947年毛泽东还让毛岸英参加土改,建国初又让他到朝鲜前线接受血与火的考验和锻炼。毛泽东一直很关心干部子女的成长,包括他自己的子女在内,特别是在全国革命胜利我们党成为执政党以后。他说过:"我

---

[1] 近来有报纸发表文章,介绍《没有共产党就没有新中国》这首歌的创作经过,说歌曲作者以1943年延安《解放日报》的一篇社论的题目《没有共产党就没有新中国》创作了这首歌。据查,《解放日报》社论的题目是《没有共产党,就没有中国》(当时那样说,是为了针对国民党提出的"没有了中国国民党,那就是没有了中国"的说法),而不是《没有共产党就没有新中国》。

很担心我们的干部子弟,他们没有生活经验和社会经验,可是架子很大,有很大的优越感。要教育他们不要靠父母,不要靠先烈,要完全靠自己。"[1]毛岸英就是在父亲的严格教育下成长起来的一个干部子弟的榜样。岸英与家英同年,他们之间情同手足,亲如兄弟,常常形影不离。岸英待人很有礼貌,在西柏坡初次见到董边时鞠了一躬,叫一声"师娘",使她一愣,不知所措。董边刚生了小孩,岸英还和家英一同去看她。田家英经常对董边和我赞扬毛岸英,说他好学,懂事,很有出息。他为毛岸英在朝鲜战场上的不幸牺牲,不胜惋惜,不胜怀念!以后毛岸青回国,毛泽东又让田家英担任岸青的语文、历史教员,岸青有病,但学习是勤奋的。

田家英与毛泽东有很多相同或者相似的情趣和爱好。毛喜欢读中国古书,喜欢中国历史、中国古典文学,特别是中国旧诗词。田也有这方面的特殊爱好。田的学问当然不能同毛相比,但他确实读了很多古文、古诗词。他记忆力强,有"过目成诵"的天分。他能熟练地几乎一字不差地背下许多古文和诗词,真使我又惊讶又羡慕。他还能填词写诗。他写的诗词,有的学习苏、辛,有的学习"三李",通俗易懂,很少用生僻的典故。毛泽东常常要他查找某首古诗词或某一诗句的出处,他都能很快地查出来。例如,1964年12月29日,毛要田查清人严遂成的《三垂冈》一诗的年代和作者,田不一会儿就查出来了。

---

[1] 见毛泽东1959年12月至1960年2月期间读苏联《政治经济学(教科书)》时的谈话。

又例如，1961年4月24日，我们在杭州搞调查期间，毛要田将他在1929年前后写的六首词填上词牌，并查出"共工怒触不周山"的典故。他很快就完成了任务。这六首词，当时毛泽东已答应《人民文学》编辑部发表。

田家英的中国历史知识，从古代到近现代，也比较广博。他喜欢读杂书，如笔记小说之类，知识面相当宽。解放初期，他利用工作之余，写了《中国妇女生活史话》长文，在《新中国妇女》连载，从中国古代传说中的"女娲氏"说起，一直写到封建社会，包括婚姻制度、娼妓制度（他认为女巫是中国最早的娼妓）、妇女在家庭中的地位等。这是一篇运用历史唯物主义观点叙述中国古代妇女生活的史话，旁征博引，内容丰富，文字生动，读来十分有趣。后来田因忙于工作，文章没有写完，这是很可惜的。

毛泽东是当代一流书法家，尤其擅长草书。他喜欢看字帖，特别是草书字帖，这是他的重要娱乐活动，也是最好的休息。在草书中，毛最喜欢怀素的草书。他多次要过怀素《自叙帖》。我们见到怀素的字帖，只要是好的，就买下来给他送去。1961年10月27日，毛泽东要看怀素《自叙帖》，并指示我们，把他自己所有的字帖都放在他那里。从此，我们就在北京和外地买来很多字帖，包括一批套帖如《三希堂》、《昭和法帖大系》（日本影印）等，放在他的卧室外间的会客室里，摆满了三四个书架。他卧室的茶几上、床铺上、办公桌上，到处都放着字帖，以便随时观赏。1964年12月10日，毛泽东要看各家书写的各种字体的《千字文》字帖。我们很快为他收集了三十余种，行草隶篆，无所不有，而以草书为主，包括自东晋以下各代大书法家王羲之、智永、怀素、欧阳询、张旭、米芾、宋徽宗、宋高宗、赵孟𫖯、康熙等，直到近人于右任的作品。

除了买字帖供毛泽东观赏，我们有时还到故宫借一些名书法家的真迹给他看。1959年10月，田家英和陈秉忱向故宫借了二十件字画，其中八件是明代大书法家写的草书，包括解缙、张弼、傅山、文征明、董其昌等。

田家英字写得不算好，但他也特别喜欢看字，酷爱碑帖字画。他收藏了上千件清代学者的墨迹，其所收作品之富之精，在个人收藏中堪称海内一大家。他还常常把自己喜欢的对联、中堂挂在毛泽东卧室，以供欣赏。

在田家英的收藏中，毛泽东的手迹被视为珍品。他把所能得到的毛的手迹都用精工裱起来，说"这是国宝"，除非有亲朋好友来，不轻易拿出来给人观赏。他去世以后，这些珍品都归中央档案馆收藏了。

三、党的信访工作的建设者和开拓者

1949年3月党中央移住北平，人民来信逐渐多起来。开始住在香山，毛泽东几乎对每一封来信都亲自阅示，由田家英协助处理。有些是毛泽东直接回信，大部分是田家英代为回信。住进中南海后，据董边说，那段时间，她每星期天回来，要用半天时间为田家英代写信封。后来人民来信越来越多，就成立了一个机构（即中央书记处政治秘书室，后改名中央办公厅秘书室），专门为毛泽东和其他中央领导人处理信访工作，田家英是负责人之一。

田家英做工作很有条理，他最早把群众来信按内容分门别类，如分为"反映""求决""建议""致敬""旧谊"等，并且分轻重缓急依次处理。董边还帮他用白布做了一个信袋子，每一个兜儿放一类信。这是最早的分类，办信人员按类分工负责。这个方法沿用了多年。后来随着信访工作日益发展的新形势，这种分类已不适应，改为按地区分类，直到现在。

毛泽东非常重视人民来信。他在1951年5月16日转发中央办公厅秘书室关于处理群众来信的报告时写道："必须重视人民的通信，要给人民来信以恰当的处理，满足群众的正当要求，要把这件事看成是共产党和人民政府加强和人民联系的一种方法，不要采取掉以轻心置之不理的官僚主义的态度。如果人民来信很多，本人处理困难，应设立适当人数的专门机构或专门的人，处理这些信件。如果来信不多，本人和秘书能够处理，则不要另设专人。下面是专门处理人民给我来信的秘书室关于处理今年头三个月信件工作的报告，发给你们参考，我认为这个报告的观点是正确的。"这些话至今仍是我们党和政府对待和处理群众来信所应遵循的基本态度和指导思想。

毛泽东对各界来信，特别是工人、农民反映和要求解决问题的来信，看得特别重要。1951年8月27日和8月31日，北京石景山发电厂和石景山钢铁厂分别写信给毛，反映当时厂内工资不合理的状况并提出解决的建议。办信的同志压了几天，未将这两封来信及时反映上去。毛知道后，发了大脾气，说："共产党员不为工人阶级办事，还算什么共产党员！"批评得非常严厉。田家英代人受过，承担了责任，做了检讨。毛看了这两封来信，即于9月12日分别写了回信，其中一封现已收入《毛泽东书信选集》。从收到来信到回信，不到半个月。毛泽东全心全意为工人阶级谋利益的精神固然使我钦佩不已，田家英代人受过的品德也深深地感动了我。

还有一件事，也使我很受感动。

1950年夏，安徽、河南交界连降大雨，淮北地区受灾惨重，为百年所未有。田家英对我们说，毛主席在批阅淮北灾情一些报告的时候，看到一份电报里说，有些灾民，因躲水不及，爬到树上，有的被毒蛇咬死，毛主席落了眼泪。田家英讲的时候，我看他也快要落泪了。这件事给我的印象很深，事隔近四十年，还清晰地留在我的记忆里。最近，我查到了当年毛泽东批阅的这份电报，其中说："由于水势凶猛，来不及逃走，或攀登树上，失足坠水（有在树上被毒蛇咬死者），或船小浪大，翻船而死者，统计四百八十九人。"在"被毒蛇咬死者""统计四百八十九人"两处，都有毛画的表示着重的横线。从1950年7月20日到8月31日，毛泽东连批三份关于淮北灾情的报告给周恩来总理，提出根治淮河。当时，建国伊始，经济还很困难，他为了解救人民，自然也是为了发展经济，下决心根治淮河，这是一件大事。这项水利工程的建设成功，对减轻以至消除淮河流域的水涝灾害起了巨大作用。毛泽东对劳动人民的深厚感情和解除民间疾苦的决心，深深地印在我年轻的心灵里，那年我刚刚二十出头。

全国解放之初，国家还很困难，党和人民政府用了很大力量解决了一大批失业人员的就业问题。尽管如此，直到1952年这个问题还很严重。从1951年冬以来，秘书室不断收到反映失业问题的来信。1952年5月27日，秘书室向毛泽东写了一个报告，其中说：1—4月共收到反映失业情况和要求就业的来信六百四十五件，内百分之三十二是知识分子，百分之二十四是工人、店员，百分之二十是遣散的国民党党政军人员，百分之十是城市贫民。毛很重视这个报告，5月31日批给周恩来。他在批语中写道："失业问题仍颇严重，此件请一阅。似宜由中央劳动部或直接由政务院召开一次失业问题处理会议，由各大城市及各省派员参加，订出可行的处理办法。请酌定。"

1951年7月1日，是建党三十周年。许多干部和群众，包括广大知识分子，出于对中国共产党和毛泽东的热爱，纷纷向党中央和毛泽东写信致敬。但是，从4月份起，开始出现有些地方发动群众（有的还带有强迫性）向党中央写致敬信。后来越来越多。一时间，各种各样的致敬信成批成批地涌来，秘书室人手不够，不得不从外单位借调一批同志帮忙。这些致敬信后来堆满了一屋子。秘书室在4月30日写给毛泽东的报告里及时地反映了这个问题，说："还有九千多封，是地方组织群众写的成批致敬信，有的现在还继续向这里寄。"毛泽东转发秘书室这个报告时，在这个地方特地写了一个批注："组织群众成批地写致敬信是不好的，以后不要这样做。"但是，有的地方不听，还是继续这样做，有的还送锦旗、送礼品。毛在12月25日转发秘书室的另一个报告时，对这种搞形式主义、劳民伤财、造成不良政治影响的事，提出尖锐批评。他写道："在这个报告中所说关于某些党政机关动员群众写致敬信，发祝贺电，以及机关团体和群众给中央送锦旗送礼品的事情，不但是一种浪费，而且是一种政治错误。"

毛泽东批评人有时确实是很厉害的，像我在前面提到压信的那件事。但是当你把事情的原委说清楚，把道理讲明白，使他理解以后，他反而还会表扬你。在信访工作中就有这样的事例。当年毛泽东写的信大都经过秘书室登记后发出。为了保存毛的文稿，田家英指定办信的同志把信的全文抄录一份留下来，然后再发出去。有一次办信的同志将毛亲自封口的一封信也拆开来抄录了。真是无巧不成书，恰恰毛要把这封信拿回去修改，拆信的事被发现了。他很生气，说要处分人。秘书室立即写检讨报告，并申述抄录存底的理由。毛看了检讨，觉得有道理，作了一个批示，大意是：好，就这么办。并指示，今后凡是他写的信，除个别特殊情况，统统拍照后再发出。就这样，从50年代初一直延续到后来，毛泽东发出的信件全部都留有照片。这件事应当感谢田家英，由于他的建议，为我们党保存了一批珍贵文献，为后人研究毛泽东提供了重要史料。

田家英不仅协助毛泽东处理群众来信，他还作为毛的秘书，负责联系、接待和看望来访的人民群众、毛的亲友和著名民主人士。例如，延安大生产运动中帮助毛泽东开荒的劳动英雄杨步浩和其他劳模来北京看望毛，毛的亲友文运昌、毛泽连、王淑兰（毛泽民夫人）、杨开智等人来见他，都是由田家英安排食宿和接待，然后，毛再接见他们，并请他们吃饭。毛给亲友们的钱，都是从自己的稿费里开支，由田家英办理。毛的表兄王季范病了，田奉派前去探望。九十高龄的齐白石老人有心里话要亲自对毛诉说，田家英奉命登门聆听。徐悲鸿去世了，毛特派田到北京大学向徐悲鸿夫人廖静文表示慰问。毛泽东宴请民主人士，有时田家英也作陪[1]，等等。1951年和1952年春节，为了向一些著名党外人士表达心意，毛泽东给每人送了一些食品，都是由田家英和我一家一户送去的，我记得有宋庆龄、张澜、李济深、沈钧儒、陈叔通、何香凝、郭沫若、齐白石等数十人。

---

[1] 例如，柳亚子在1949年5月5日的日记中写道："毛主席赐宴，客为余等四人，陪客者毛夫人、毛小姐、朱总司令、田秘书，该宴极欢。"（见《柳亚子文集》自传、年谱、日记，第363页）

党中央部门的信访工作，随着党和国家事业的发展不断地开拓工作的新局面。信访工作反映了人民群众的呼声，密切了党中央与人民群众的联系，对于党中央和毛泽东了解下情、制定政策起了重要作用。例如，解放初期实行"三个人的饭五个人匀着吃"的方针[1]，减轻大专院校课程负担，改善学生生活，开展反对官僚主义、命令主义和违法乱纪的斗争（即"新三反"）以及其他重要政策，许多都是根据人民来信反映的意见和建议制定的。在三年经济困难时期，由于庐山会议后大批"右倾机会主义"，党内民主生活受到严重破坏，人们不敢讲真心话，不敢反映真实情况，在中央办公厅办信的同志中间也存在着某种宁"左"毋右情绪和思想顾虑。田家英耐心地教育大家，要以人民的利益为重，关心人民的疾苦，把各地反映严重困难情况的来信，批评党的工作中的缺点和错误的来信，向党中央和毛泽东及时送阅。他还再三嘱咐办信的同志一定要保护来信人，严格区分两类矛盾，不要动不动就把一些对现实不满的人民来信当作反动信件处理。田曾将自己的这个意见专门向毛做了口头报告，得到他的批准。在"文化大革命"中，田家英的上述正确主张和做法，都成了"反党罪行"，被当作一条"信访工作中的修正主义路线"受到批判。

---

[1] 这个重大决策，在解放初期对于解决失业问题，安定民心，巩固新生的人民政权，起了积极作用。但有人对此政策未能做历史的具体的分析，却把它同后来的吃"大锅饭"、搞平均主义等弊端挂起钩来，加以全盘否定，我认为这是不公正的。

党中央部门的信访工作，从1949年初创到1966年"文化大革命"开始，在毛泽东的关怀和指导下，在中央办公厅主任杨尚昆的直接领导下，经田家英和中办秘书室的同志们的共同努力，从无到有，从小到大，建立起一套比较科学的工作程序和工作制度，并逐步加以完善，为党的信访工作奠定了基础。

四、毛泽东著作的编辑者和宣传者

1949年，中共中央决定出版《毛泽东选集》并着手进行编辑工作。原定于1949年内出版，后经多次校阅，直到1951年10月才开始出第一卷。这项工作是在毛泽东直接主持下进行的。田家英同陈伯达、胡乔木是参加编辑工作的主要成员。胡对第一卷至第三卷主要是负责语法修辞用字和标点方面的工作，至第四卷才全面负责。陈未参加第四卷的工作。

《毛选》第一至第三卷的编辑工作可以说主要是毛泽东亲自做的。他不但参加选稿和确定篇目，对大部分文章进行精心修改，而且为一部分文章写题解和注释。这些修改绝大部分是文字性的，也有很少量属于内容方面的。经过修改，无论内容还是文字，更加周密、更加完善了。当然，今天回过头来看，《毛选》的编辑工作不是没有缺陷的，如果作者对重要的修改内容用加注说明的办法，保存文献的历史原貌，并由编者注明每篇最初发表时间、出处和版本变化，那就好多了。这应当作为今后文献编辑工作的一个重要原则。

从《毛选》第一卷到第四卷，田家英自始至终参加编辑工作全过程。注释的工作主要由他主持，先后有中宣部、近代史研究所、中央党校、军事科学院等单位的一些同志参加撰写。他还负责出版方面的许多具体组织工作和组织外文翻译工作，每一卷出版时，他都写评介文章或代新华社起草篇目介绍。

下面，引用四封信，是1951年3、4月间毛泽东写给田家英的，从中可以了解毛泽东编《毛选》的片段情况和他的某些考虑，也可以看出田家英的一些工作情况。当时毛泽东住在石家庄。

其一

伯达、家英同志：

《矛盾论》作了一次修改，请即重排清样两份，一份交伯达看，一份送我再看。论形式逻辑[1]的后面几段，词意不畅，还须修改。其他有些部分也还须作小的修改。

此件在重看之后，觉得以不加入此次选集[2]为宜，因为太像哲学教科书，放入选集将妨碍《实践论》这篇论文的效力，不知你们感觉如何？此点待将

---

[1] 论形式逻辑这一部分，在收入《毛泽东选集》时被作者删去。
[2] 《矛盾论》一文，起先未收入1951年出版的《毛选》第1卷，以后收入1952年出版的第2卷。《毛选》第2次印刷时，按时间顺序，将《矛盾论》改收入第1卷。

来再决定。

你们暂时不要来，待《矛盾论》清样再看过及他文看了一部分之后再来，时间大约在月半。

毛泽东
三月八日

其二

家英同志：

《矛盾论》的原稿请即送来。

凡校对，都须将原稿连同清样一起送来。

以前的一切原稿均请送来。

毛泽东
三月十五日

其三

家英同志：

《中国共产党在民族战争中的地位》，《矛盾论》，请不要送去翻译，校对后再送我看。

已注好印出的各篇，请送来看。

毛泽东
四月一日

其四

家英同志：

（一）送来的文件，缺少《一九四九年四月二十一日军委给解放军的命令》一篇，请补印送校。

（二）请将《兴国调查》中"斗争中的各阶级"这一章的原文清出送阅，在我这里的印件中缺少这一章。

（三）已注文件，请速送阅。

毛泽东
四月七日

我觉得，应当特别介绍一下田家英整理毛泽东讲话记录稿的情况。《毛选》中有几篇重要讲话，如《抗日战争胜利后的时局和我们的方针》《关于重庆谈判》《对晋绥日报编辑人员的谈话》，都是田家英整理的。1957年《在中国共产党全国宣传工作会议上的讲话》也是田家英整理的，毛泽东几次审阅修改，加写了许多重要内容。田说，整理毛主席的讲话稿有时比自己写文章还困难。这是有道理的。整理记录稿要忠于原意（这是第一位的），又要保持作者特有的文风，而田家英整理出来的稿子酷似毛泽东亲笔写的文章。能做到这一点确非易事。

田家英对待工作极端认真，对别人要求也十分严格。我在参加《毛选》编辑工作过程中深有体会。在我刚参加这个工作时，有一次校对一篇文章，出了一个差错，受到他的严厉批评。以后又出了一个差错，受到他更严厉的批评。为此我写了两次检讨报告。那几天我的心情很沉重，田也看出来了。有天晚上，他忽然找不到我了，十分焦急，怕我寻短见（因我很年轻，他怕我经受不住那么严厉的批评），便在中南海内到处寻找我，直至见到我才放下心来。田家英批评人尽管态度严厉，言辞尖锐，但他不以势压人，批评你的时候也不是干巴巴的几条就完了，而是把道理讲得很透彻，内容很丰满，感染力强，使你感到他的心是热的，是真正爱护你的，使你口服心服。我个人通过参加《毛选》编辑工作，在田家英直接领导和帮助下，受到一些训练，培养出比较严谨的工作作风，这对我来说，受益一辈子。

田家英早在延安时期就注意学习毛泽东著作。当了毛泽东的秘书以后，为了适应工作的需要，他做的第一件事就是熟读毛泽东著作。他从当时能够找到的毛泽东著作中，摘录大量成段的论述，按专题编排，编了五大厚本（是用马蔺纸装订的，所以显得很厚）。解放后，中国青年出版社作为《一个同志的读书笔记》，印成内部读物出版，可以说这是我国第一部毛泽东著作专题摘录集。

经过《毛选》第一卷至第三卷的编辑工作，田家英对毛泽东著作的熟悉和理解程度大大地提高了。他是毛泽东思想的热情的宣传者。在50年代，广大干部学习毛泽东著作的热潮方兴未艾，田家英向机关干部和干部学校学员，作过很多次报告，介绍《毛泽东选集》，帮助干部学习和理解毛泽东思想。

在田家英的一生中，受毛泽东思想影响最深的，主要是两个基本观点。一是关心群众生活，全心全意为人民服务。田家英曾对我说，毛主席的关心群众生活的思想已溶化到他的血液里。这有他十几年的工作为证。一是实事求是。这也贯穿在他的一生中，并因此而作出牺牲。50年代初，田家英将他在《学习》杂志发表的有关论述毛泽东思想的文章辑成一本小册子，题名为《学习〈为人民服务〉》，全书就贯穿了上述两个基本观点。我不是说田家英在这两个问题上做到了十全十美，但这两点构成他的主导思想，并为之努力付诸实践，则是确定无疑的。在以后的岁月里，在各种政治风浪中，他所以能够坚持正确方向，敢于同党内不正确的思想和作风以及某些邪恶势力进行无畏的斗争，无愧为一名诚实的共产党人，主要靠这两个基本观点作为思想支柱。

《毛选》第三卷出版后的第四年，第四卷于1960年出版。第四卷的编辑工作，不像前三卷那样由毛泽东亲自动手，而是主要由胡乔木、田家英、许立群、熊复、姚溱、王宗一等人编好之后，由毛泽东主持通读定稿。（这里应说明：康生名义上虽然也参加了，还负一定责任，实际上并未起多少作用，他自称从来是"君子动口不动手"。陈伯达对此事很不热心，没有参加任何编辑工作。）通读定稿工作1960年2月至3月在广州进行，毛住在白云山，一般每周去他那里通读定稿一次。这一卷的重要题解和涉及思想理论内容的注释（如《目前形势和我们的任务》一文关于富农问题的注文），均出自胡乔木的手笔。《党委会的工作方法》一文是由许立群整理的。

《毛选》第四卷是解放战争时期的著作，它是中国人民革命胜利的记录，反映了中国人民敢于斗争敢于胜利的英雄气概和所向披靡的革命声势。毛泽东在通读第四卷的时候，特别兴奋，"想当年，金戈铁马，气吞万里如虎"的豪情，油然而起，读到《抗日战争胜利后的时局和我们的方针》《关于重庆谈判》等文章时，他不时地发出爽朗的笑声。《毛选》第四卷的文章，不仅内容重要，思想深邃，从文字上说也是上乘之作，有很高的艺术性，既有高屋建瓴、势如破竹的雄劲，又有行云流水、议论风生的韵致，刚柔相济，情文并茂，最充分表现了毛泽东特有的文风。《论人民民主专政》就是其中的代表作之一。田家英告诉我，毛泽东在写这篇文章之前，坐了一天，动也不动，专心构思，然后，又用一天时间，饭也没吃，一气呵成，完成近万字的名篇。这篇文章逻辑严密，简明精练，气势磅礴，一泻千里。它是新中国建国纲领的理论基础和政策基础之一，就其基本思想来说，在今天仍然保持着它的生命力。

1960年，在编第四卷的同时，田家英也参加了一部分第五卷的编辑工作。但他对编辑出版第五卷始终持怀疑态度，为此还受到康生的批评。田家英当时就认为，毛泽东社会主义时期的著作有的还不成熟，有的甚至是错误的。他对毛泽东并没有抱盲从的态度。毛泽东本人也多次表示，他在社会主义时期的著作究竟行不行，还有待于更多的实践的检验。

当然，毛泽东在建国以后有许多著作是经得起考验的，有些著作事后还经过了他本人的认真考虑。例如《在扩大的中央工作会议上的讲话》，是作者在1966年修订过并征得党中央同意在党内印发的。又如《论十大关系》，是1975年在邓小平主持下，由胡乔木整理讲话稿，送经他本人审阅同意并在党内印发的。在毛泽东逝世后，由华国锋等主持，正式编成和出版第五卷时，邓小平、胡乔木都早已被排除在工作之外，对此书的选材、编辑不能负任何责任，田家英更是早就不在人世了。

毛泽东从来没有把《毛选》的著作看作仅仅是他个人的东西，而看作群众智慧的集中。他说："《毛选》，什么是我的？这是血的著作。《毛选》里的这些东西，是群众教给我们的，是付出了流血牺牲的代价的。"[1] 他又说："从一九二一年到一九三五年遵义会议，经过十四年的时间，才结束了多次错误路线对全党的统治。经过延安整风，我们全党才觉悟起来，才搞出一套正确的政治路线、军事路线和组织路线，我们才逐步学会如何处理党内关系，如何处理党跟非党人员的关系，如何搞统一战线，如何搞群众路线，等等。这就是说，我们有了经验，才能写出一些文章。比如我的那些文章，不经过北伐战争、土地革命战争和抗日战争，是不可能写出来的，因为没有

---

[1]《毛泽东年谱（1949—1976）》第5卷，中央文献出版社2013年版，第329页。

经验。"[1]

《毛泽东选集》第一卷至第四卷出齐以后，田家英根据毛泽东的意见，从1962年8月起，开始对《毛选》第一至三卷的注释进行全面校订。编这三卷的时候，注释工作由于受当时资料条件和其他方面的限制，不论在史实方面还是提法方面都存在一些问题。毛泽东早就提出要修改注释。这是一项艰巨而复杂的任务，需要查阅大量资料，进行细致的考证和校勘，还要吸收学术界新的研究成果。这项工作是在田家英主持并直接参加下，由中央政治研究室和中央档案馆的几位同志共同进行的。到1965年，第一卷、第二卷的注释校订全部完成，并印出送审本，第三卷尚未完成，陆续送毛审阅。这件事，毛泽东没有让陈伯达参与，陈十分不满，大发牢骚，在背后散布说，田家英搞注释校订是反对我陈伯达的，是对《毛选》的"批判"。这真是无理取闹！陈伯达的人品，从这件事情上也可以看出一斑。

1964年全国都在学毛泽东著作。田家英觉得，《毛选》的分量太大，不适合一般干部和青年学习。他向中央建议，编辑《毛泽东著作选读》甲种本和乙种本，分别供一般干部和青年学习，掌握毛泽东思想的立场、观点、方法。这个建议得到中央和毛泽东的同意。田家英是主要的编者，选目都是经中央和毛泽东批准同意的。在这两种选读本里，第一次公开发表《反对本本主义》这一名篇。在此之前，1958年和1963年，田家英

---

[1]《毛泽东年谱（1949—1976）》第2卷，中央文献出版社2013年版，第620页。

还协助毛泽东编辑出版了《毛主席诗词十九首》和《毛主席诗词》两个诗词选本。

田家英把自己一生中最好的年华和主要的精力，奉献给编辑出版毛泽东著作、宣传毛泽东思想。他在这一方面做出的贡献，人们是不会忘记的。

五、参加起草新中国第一部宪法

1953年12月24日，毛泽东带着一个宪法起草小组到杭州。田家英是起草小组成员之一，其他两人是陈伯达和胡乔木。这个小组是在毛泽东亲自领导和参加下进行工作的，从1954年1月9日正式开始工作，到3月9日结束。在这期间，由董必武、彭真、张际春等人组成研究小组，并聘请周鲠生、钱端升为法律顾问，叶圣陶、吕叔湘为语文顾问，进行了一段时间的工作。同时中共中央也讨论了三次，每次都做了很多修改。1954年3月23日，将宪法草案初稿提交中华人民共和国宪法起草委员会第一次会议讨论。起草委员会经多次讨论，同时在北京和全国各大城市组织各民主党派、群众团体和各界代表人物八千多人进行讨论，最后提交全国人民代表大会第一次会议讨论通过。毛泽东自始至终领导和参加宪法起草工作。他不仅提出制定宪法的指导思想和许多重要内容，而且反复进行文字修改。当时，曾有人提议将这部宪法定名为"毛泽东宪法"，被他断然拒绝。

田家英作为毛泽东的秘书，从头到尾参加了宪法起草工作。在起草过程中，胡乔木、田家英同陈伯达之间，常常发生不同意见的争论。陈伯达霸气十足。在毛泽东召集的起草小组会议上，由于胡乔木对陈伯达起草的初稿提出一些批评修改意见，陈在会后大发雷霆。胡、田为顾全大局，以后凡有意见都事先向陈提出，而胡、田二人意见常常一致或者比较接近。陈伯达驳不倒他们，十分恼火，就消极怠工，多次发牢骚，说要回家当小学教师。所以杭州起草小组拿出的供讨论稿事实上主要出于胡、田之手。田家英除了参加起草、讨论以外，还负责有关材料的收集和整理，提供给毛泽东和小组参阅。

1954年3月17日，毛泽东和起草小组回到北京。田家英的工作更加紧张起来（这时胡乔木因患眼疾，住医院治疗，以后又遵医嘱去莫斯科继续治疗，未再参加宪法的修订工作）。白天，他参与组织北京地区的讨论，并负责与外地联系，晚上，将当天全国讨论的情况向毛泽东汇报。有时一面参加讨论，一面参加修改，连续几天从晚上工作到次日凌晨，日夜不得休息。结果，他因工作过度劳累而吐血，时年三十二岁。

田家英为了参加起草宪法，收集了大量有关宪法的书（包括世界各国宪法）和法学理论著作。去杭州的时候，带了两箱子书。他说，搞中国宪法，必须参照其他国家宪法，包括资本主义国家的和社会主义国家的，当然要以社会主义国家为主。在宪法起草过程中，田家英读了许多法学书籍，还向毛泽东推荐了几本。回到北京以后,他继续研究宪法问题和法学理论,并主持编译了一些宪法问题资料。1954年6月,经毛泽东同意,他带着人民大学法律系的几位教师和其他同志到北戴河,编写《中华人民共和国宪法解释》。写出初稿,陆续送毛泽东审阅。后来因忙于别的工作,此书没有完稿。田家英聪明过人,干一行,钻一行,懂一行。他通过宪法起草工作,在法学方面积累了新的知识,拓宽了自己的知识领域和眼界,并能提出一些独到见解,讲出一些理论。从此,法学也成了他喜爱的一门学科。他的书房里,有一个书架,全部是法学书籍。

六、《中国农村的社会主义高潮》

1955年,是建国后的一个重要年头。毛泽东对这一年形势做过这样的描绘:"1955年,在中国,正是社会主义和资本主义决胜负的一年。这一决战,是首先经过中国共产党中央召集的5月、7月和10月三次会议表现出来的。1955年上半年是那样的乌烟瘴气,阴霾满天。1955年下半年却完全变了样,成了另外一种气候,几千万户的农民群众行动起来,响应党中央的号召,实行合作化。"[1] 这里所说的5月的会议是指中央召集的十五个省、市党委书记会议,毛泽东在会上提出必须在这两年内打下农业合作化的基础,批评了在农业合作化问题上的所

---

[1]《毛泽东年谱(1949—1976)》第2卷,中央文献出版社2013年版,第492、493页。

谓"消极情绪"。7月的会议是指中央召集的省、市、自治区党委书记会议，10月的会议是七届六中全会，这后两次会都是批判所谓农业合作化问题上的"右倾机会主义"的。经过这三个会，农村形势急剧变化，出现了合作化高潮。为了推进这一形势的发展，毛泽东亲自编辑了《中国农村的社会主义高潮》一书（上、中、下三册，九十多万字），并写了一百零四条按语。田家英和我协助毛泽东做了一些编辑工作。

毛泽东对编这部书非常重视。在那段时间里，几乎把主要精力倾注到这部书的编辑工作上。后来他在1961年3月的广州会议上回忆这件事情的时候说：解放后十一年，我做过两次调查。一次是为农业合作化的问题，看过一百几十篇材料，每省有几篇，出了一本书，叫作农村社会主义高潮。每篇都看，有些看过几遍，研究他们为什么搞得好，比如讲河北的建明社，那也是研究。又一次是讨论十大关系，那次经过两个半月和三十五个部门讨论。每天一个部或两天一个部，听他们的报告，跟他们讨论，然后得出十大关系的结论。

的确是这样。我们亲眼看到，毛泽东编《高潮》时，是那样认真地精选材料，认真地修改文字。有的材料文字太差，毛泽东改得密密麻麻，像老师改作文一样。毛泽东还对大部分材料重新拟定了题目，把一些冗长、累赘，使人看了头痛的标题，改得鲜明、生动、有力，而又突出了文章的主题思想，引人注目。例如，有一篇材料原题是《天津市东郊区詹庄子乡民生、民强农业生产合作社如何发动妇女参加田间生产》，共三十三个字，毛泽东改为《妇女走上了劳动战线》，只用九个字，简单明了，又抓住了主题，读者一看就有印象。又如，有一篇材料原题为《大泉山怎样由荒凉的土山成为绿树成荫、花果满山？》，毛泽东改为《看！大泉山变了样》，多么吸引人！类似情况很多，在此仅举两例。读者看到那些生动醒目的标题和具有强烈政治内容而又带有抒情色彩的按语，一个胜利者和实现了自己意志的革命家的形象，跃然纸上。

毛泽东非常注意文风，有一篇按语就是主要讲这个问题的。我把它引出来，请大家读一读，很有益处。他说："在这里要请读者注意，我们的许多同志，在写文章的时候，十分爱好党八股，不生动，不形象，使人看了头痛。也不讲究文法和修辞，爱好一种半文言半白话的体裁，有时废话连篇，有时又尽量简古，好像他们是立志要让读者受苦似的。……哪一年能使我们少看一点令人头痛的党八股呢？这就要求我们的报纸和刊物的编辑同志注意这件事，向作者提出写生动和通顺的文章的要求，并且自己动手帮作者修改文章。"[1]

毛泽东习惯于夜间工作，每天一清早，就退来一批修改好的稿子和写好的按语，再由我们进一步做文字加工。

毛泽东自己对这次合作化的"调查"是比较满意的，但我认为这次"调查"不能说是成功的。毛泽东一贯主张，要做亲

---

[1] 《毛泽东年谱（1949—1976）》第2卷，中央文献出版社2013年版，第498页。

身的调查，并为我们全党做出榜样，而他的这次"调查"只是看下面送来的书面材料，而其中一大部分是批判"小脚女人"以后的，他写的那些尖锐批评"右倾保守"的按语，主要就是写在各地在7月省、市、自治区党委书记会议以后送来的那部分材料上的。尽管这些按语单独看起来可能很有道理，但就全体而论，对于合作化这个本来是合乎农民需要（但要根据自愿互利的原则逐步发展）的进程，加以人为的加速又加速，拔高又拔高，客观上是在命令主义的产物之上又加上新的命令主义。也应指出，少数按语的内容是长期有效的。例如，毛泽东关于社会主义企业必须建立强有力的思想政治工作的著名口号"政治工作是一切经济工作的生命线"，就是《高潮》书中《严重的教训》一文的按语首先提出来的。

《高潮》一书以跃进的速度于1956年1月出版。原先毛泽东决定发一条出版消息，田家英将拟好的稿子送给他，他哈哈地笑起来，说："这个消息没有用了，已经过时了。"（那时全国合作化运动已经全面展开。）他对田说，他很高兴，1949年全国解放时都没有这样高兴。这个话真实地反映了毛泽东当时的心态。对毛来说，全国解放是早已料到的，早有准备的，而农业合作化的胜利来得这样快，这样顺利，却出乎他的意料。他一向认为，改造五亿人口的个体农民是最艰难的事业，需要花费很长的时间和做许多细致的工作才能完成。谁知道，这么困难的问题，经过两三次会议，作一篇报告，就如此顺利地解决了，那么，还有什么比这个更困难的问题不能解决呢？农业合作化的过快和过于表面化的胜利，使毛泽东的头脑开始不清醒了，他随即要求在生产建设、科学文化等领域，同时开展对"右倾保守"思想的批判。农业合作化的胜利，助长了毛对个人意志的自信，深信自己的主张总是正确的，而且是能够立即生效、"立竿见影"的。这不但促使过渡时期提前结束，而且成为尔后出现"三面红旗"及其一系列后果的不祥的先兆。当然，这不是说，农业合作化高潮纯粹是个人意志的产物。这是不可能的。它的产生有其自身的客观基础。中国的汪洋大海般的、势单力薄而又规模狭小的小农经济，在生产上确有发展互助合作的需要。从1951年12月党的农业互助合作决议做出以后，我国农业互助合作事业总的来说是在稳步而健康的情况下发展的，互助合作的优越性逐步显示出来，并且具有相当的吸引力（这在全国许多地方都有这种情况），对农业生产的发展起了积极的作用。正是因为有了几年互助合作的历史和示范作用，才有被人为地加速而出现高潮的可能性。

毛泽东又问田家英：你看合作化完了，下一步再搞什么？田家英被这一突如其来的问话问住了，一时答不上来，只感到自己的思想跟不上。毛泽东在农业合作化即将完成尚未完成之际，就想到下一步的问题，这绝非是心血来潮，或者只是说说而已，他是在郑重地考虑问题。这正是他的"不断革命""打了一个仗之后，马上就要提出新任务"的思想的惯性反应。

当然，毛泽东这时并不认为，农业合作化的工作已经没有任何问题了，可以高枕无忧了。《高潮》出版以后，他立即派田家英到各地调查农业合作化情况。田带着几个同志跑了山西、四川、湖北、河北四省，当时我们称作"观高潮"。在调查中，他发现一个重要问题，就是合作社的规模过大。而毛泽东当时正热心提倡"并社升级"，认为小规模的初级社仍然束缚生产力的发展，不能停留太久；同时，从上到下不少干部的头脑也有些发热，一味追求搞大社，搞高级社。田家英并没有迎合毛泽东的想法和当时那股思潮，而是根据调查中得来的第一手材料，向毛提出自己的意见。他的意见虽然没有受到重视，但他在毛泽东面前敢于提出相反意见的勇气，却给我留下很深的印象。他的这种勇于直陈己见的政治品质，在以后日益复杂的政治生活中愈益显得可贵。但也应当说明，这时，毛泽东并没有因为田家英提了不同的意见就对他不信任，而是更加信任他和器重他。

七、八大开幕词

说毛泽东更加器重田家英，一个有力的证明，就是要田代他起草八大开幕词。

大家知道，毛泽东作报告、作讲演、写文章，从来不让别人代笔。不论是在烽火连天的革命战争年代，还是在以后的和平建设时期，都是如此。唯一的例外，恐怕就是八大开幕词了。

1964年毛泽东在一次中央会议上曾经说过："有的人，自己不写东西，要秘书代劳。我写文章从来不叫别人代劳，有了病不能写就用嘴说嘛。1947年写《目前形势和我们的任务》时，我病了，就是我说别人记的，写了我又改，改后发给大家传阅，提意见，又作了修改。现在北京当部长、局长的都不写东西，统统让秘书代劳。秘书只能找找材料。如果一切都由秘书去办，那么部长、局长就可以取消，让秘书干。这也是劳动，要亲自动手。当然，不是一切都要自己写。周总理出国，一出三个月，到哪个国家也要发表公报，都叫他写不行，要自己出主意，让别人去写。"[1] 人们还记得，毛泽东在1948年1月7日为中共中央起草的关于建立报告制度的党内指示中，规定各中央局和分局定期向中央写综合报告，其中就特别要求："由书记负责（自己动手，不要秘书代劳）。"[2]

八大开幕词，毛泽东曾起草过两个稿子，不知为什么都没有写完。后来让陈伯达起草。陈起草的稿子毛泽东不满意，说写得太长，扯得太远，于是又找田家英。毛泽东告诉田家英："不要写得太长，有个稿子带在口袋里，我就放心了。"这时离开会只有几天，时间非常紧迫，田家英花了一个通宵赶写出初

---

[1] 毛泽东1964年3月28日在听取山西省委、河北省委负责人汇报时的谈话。参见《毛泽东年谱（1949—1976）》第5卷，中央文献出版社2013年版，第333页。

[2] 《毛泽东年谱（1893—1949）》修订本下册，中央文献出版社2013年版，第264页。

稿。毛泽东比较满意，立即送中央书记处的同志刘少奇、周恩来、朱德、陈云和其他有关同志，经过多次修改，最后定稿。

毛泽东对八大开幕词，加写了一些重要的、具有原则意义的内容。原稿开头的一句话是这样写的："我现在宣布党的第八次全国代表大会开幕。"毛泽东把它修改为："中国共产党第八次全国代表大会，现在开幕了。"接着，他加写了一段话："从我们党的第七次全国代表大会以来的十一年间，在全中国和全世界，为了共产主义和人类解放事业而英勇奋斗和辛勤工作，因而付出了自己生命的同志和朋友，是很多的，我们应当永远纪念他们。"后面，他还增写了一段对中国共产党评价的话，他说："在两个革命（指新民主主义革命和社会主义革命。——引者注）的实践中，证明了从七次大会到现在，党中央委员会的路线是正确的，我们的党是一个政治上成熟的伟大的马克思列宁主义的政党。我们的党现在比过去任何时候都更加团结，更加巩固了。我们的党已经成了团结全国人民进行社会主义建设的核心力量。"在讲到苏联共产党的地方，毛加写了一段对苏共二十大评价的话，他说："苏联共产党在不久以前召开的第二十次代表大会上，又制定了许多正确的方针，批判了党内存在的缺点。可以断定，他们的工作，在今后将有极其伟大的发展。"当时，毛泽东对苏共二十大批判个人迷信是肯定的，但对其全盘否定斯大林以及发表的其他某些观点是不赞成的。他以国际共运利益的大局为重，从团结的愿望出发，特地写了这段很有分寸的话。这种话自然不是田家英所可以说的了。在开幕词的最后,他还加写了一段对国内各民主党派和无党派民主人士的热情友好的话:"今天在座的还有我们国内各民主党派和无党派民主人士的代表。他们是和我们一道工作的亲密的朋友。他们一向给了我们很多的帮助。我们对他们表示热烈的欢迎。"

毛泽东写文章不要秘书代劳,偶尔代劳一下,也要说明,从不埋没别人的劳动。八大是在政协礼堂开的,据当时在场的毛泽东的卫士长李银桥回忆,毛泽东致开幕词以后,来到休息室,许多人都称赞开幕词写得好。毛泽东对大家说:"开幕词是谁写的?是个年轻秀才写的,此人是田家英。"

人们可能还记得开幕词里的一句话:"虚心使人进步,骄傲使人落后。"它早已成为脍炙人口的格言。这是田家英的得意之笔,也是毛泽东很满意的一句话。

八、在"大跃进"的日子里

1958年夏,人民公社一出现,就引起毛泽东极大的兴趣和关注。这是因为,人民公社本是毛泽东想象中的农村乌托邦,他没有想到,他的乌托邦被陈伯达在北京大学讲了出来,这个讲话又被发表在由陈伯达任主编的党中央理论刊物《红旗》上[1](《红旗》是毛泽东提议创办并在他的再三督促下问世的),

---

[1] 见《红旗》杂志1958年第4期。

人民公社也就不胫而走，居然堂而皇之地成为当年中国农村的"新生事物"。

10月下旬，毛泽东派田家英和吴冷西到河南新乡七里营和修武县（一县一社的典型）做调查。时间是10月28日到11月4日。当时，下去的同志包括田家英在内，对人民公社都没有也不可能从根本上去怀疑它。但通过调查，却发现问题不少，有些问题使人非常焦急，例如，普遍实行"大兵团作战"，社员每天只能睡三个小时，连续一二十天，搞得人困马乏，难以为继，劳动效率大大下降。大家都希望向毛泽东反映，越快越好。田家英还从下放干部那里了解到当地虚报产量的真实情况。当时，关于人民公社性质问题，是从中央到地方各级干部议论的重要问题之一，也是田着重调查研究的一个问题。基层干部中不少人认为人民公社是全民所有制。田家英开始没有表示自己的看法，但从修武县委书记的一席话中得到一个启发。那位书记同志说：人民公社如果是全民所有制，那么，遇到丰年，修武县的农民是不会愿意把粮食无偿调出来的；遇到歉年，国家能够无偿地调粮食给修武县吗？田家英听了觉得有理，非常重视。

我们还参观了大炼钢铁的场面。那是一个晚上，在一个炼铁点上，只见人山人海，火光映天，人们通宵不眠，大干特干。指挥者不断地做鼓动工作，嗓子都喊哑了，说那天夜里要放"卫星"。当时我们这些参观者尽管对那种做法抱有怀疑，但对群众的干劲不能不表示赞叹!

大炼钢铁不仅造成大量资财的严重浪费,更重要的是耽误了农业收获季节。我们亲眼看到,就要到手的丰收粮食,因无劳力收获而烂在地里。

1958年的"大跃进"已经过去几十年了。对"大跃进"和人民公社化运动本身应持否定态度,这是毫无问题的。但在那一段时间里,人们的自力更生、艰苦奋斗、奋发图强的精神面貌,是值得称道的。在这种精神力量的鼓舞下,我国在农田水利建设方面,在工业和科学技术的某些方面,都取得了一些新的成绩,为以后的经济发展打下一些基础。这一方面也应当看到。

11月5日晚,毛泽东南下郑州,路经新乡,田家英、吴冷西向毛泽东汇报了调查中发现的问题和修武县委书记的意见。次日,田、吴离新乡去郑州,参加第一次郑州会议。毛泽东根据田、吴的调查和其他人的反映,在会议上强调要使农民休息好,安排好农民的生活。在讲公社所有制时,他引用了修武县委书记那段话,用以说服一些认为公社是全民所有制的人们,表扬了这位书记,说他是很有头脑的。

在田家英、吴冷西奉命调查修武县、七里营之前,毛泽东先派陈伯达、张春桥赴河南遂平县调查,他们搞了一个鼓吹"共产风"的《遂平卫星人民公社章程》。田、吴的调查给了毛泽东以实际的帮助,对纠正错误起了作用。而陈伯达等人提出废除商品生产、实行产品调拨的错误主张,在郑州会议上受到毛泽东的尖锐批评。

　　1958年11月至12月召开的武昌会议结束后，毛泽东回到北京。他认为六中全会决议已经从原则上解决了公社化中一系列重大问题。然而，实际上，问题和困难却暴露得越来越多。毛泽东心里觉得最不踏实的主要有两个问题，一是武昌会议确定下来并且已经公布的1959年生产的四大指标（指粮、棉、钢、煤的指标）。这四大指标在武昌会议上是一致通过的，已经算是"留有余地"。会后陈云向胡乔木提议不要公布，胡乔木不敢向毛泽东报告陈云的意见，还是在公报内公布了。为这件事在1959年4月的上海会议上胡乔木受到毛泽东的严厉批评。另一个是农业问题。为了了解农村整社情况，同年1月下旬，毛泽东派田家英赴四川调查。

九、从四川调查到庐山会议

　　1959年初春，调查组来到四川，调查地点是新繁县（1965年并入新都县，在成都北面）崇义桥大队。新繁县原是一个公社，崇义桥乡是下属的一个大队，第二次郑州会议以后，分别改为县和公社。崇义桥有田家英的外祖家，当时还有他的一个舅母健在。因为有这层关系，便于了解真实情况，就选中了这个地方。田家英觉得，"崇义桥"这个名字有点儿封建味道，便提议改名"大丰公社"。这里的人们为了纪念田家英，把"大丰"这个名称一直沿用到今天。

新繁县是成都平原最富饶的县份之一。1956年春天,我和田家英"观高潮"那次,也曾来到成都附近。但这一次所看到的景象大不如以前了,多少给人一些冷清、零落的感觉。1956年时那茂密的林盘(在每一个居民点周围长着的竹林),现在只剩下稀稀拉拉的几根孤竹,而社员还在根据上级指示继续刨竹根开地种粮;过去像锦绣一样美丽的田园有点荒芜的景象;昔日热闹的集市不见了,偶尔遇上一次赶场,上市的农产品也寥寥无几;社员一群一群地集中在田里,搞深耕,搬泥巴[1]。每到吃饭的时候,排着长队,一家一户地到食堂领饭。晚间,偶尔可以看到少数社员家的烟囱里冒出缕缕青烟,说明那几户社员光景稍好一些,自己在家煮点吃的,填补一下肚子,大多数社员则没有粮食在家做饭吃。这些都是我们目睹的实际情况。但是另一方面,又听说新繁县是亩产千斤县,大丰公社也是亩产八百斤。既然是丰产高产,为什么社员又这么缺粮呢?这成了一个谜,是一个不管怎么算账也算不清楚的问题。然而谜底,被善于做调查的田家英很快揭开了,这就是虚报产量。虚报产量是全国普遍性的问题,不单是新繁、崇义桥一县一社如此,可四川是较早揭破这个问题的一个点。

这时,毛泽东正在集中力量继续纠正工作中的错误,遏制

---

[1] 当时搞深耕的办法是这样:先犁一道,将犁起来的泥土用手搬起堆在一旁,露出的生土层上再犁一道,然后把堆起来的泥土还原,平整起来。我们当时都干过这种活。

以刮"共产风"为主要特征的"左"倾错误继续泛滥。继武昌会议之后,他又召开第二次郑州会议。田家英没有参加第二次郑州会议,但对这次会议的精神是十分赞成的,特别称道毛泽东关于整顿人民公社的方针:"统一领导,队为基础;分级管理,权力下放;三级核算,各计盈亏;分配计划,由社决定;适当积累,合理调剂;物资劳动,等价交换;按劳分配,承认差别。"田家英深有感触地说:"还是主席高明,我们在下面调查,搞了老半天,怎么也提不出这样大的问题。"在毛泽东主持下概括的这几句话,并不是也不可能是要从根本上突破人民公社的体制。但在当时的历史条件下,对于纠正极左政策,调整人民公社内部体制(涉及所有制),进一步刹"共产风",不能说不是一套积极的高明的政策。

1959年4月初,田家英从四川农村赶到上海参加中央工作会议和紧接着召开的八届七中全会。人民公社问题是会议主要议题之一。在毛泽东主持下,由田家英执笔,起草了《关于人民公社的十八个问题》。这个文件比第二次郑州会议决议又有所前进。毛泽东对这个文件比较满意。会议结束,田家英又返回四川农村,在大丰公社贯彻执行《十八个问题》的规定。不久,毛泽东写给六级干部的信即4月29日党内通信下达了。田家英阅读之后,欣喜若狂,特别是对"合理密植"和"要说真话"这两条,更是百分之百地拥护。当时正要插秧,高度密植还是合理密植,两种相反的意见争论激烈。部分干部(他们是忠实执行上级命令的）和一些青年农民为一方，主张高度密植，有经验的老农为一方，主张合理密植，前者占了上风。如田家英说的，有些人好像着了魔，不根据条件，一个劲儿地搞高度密植，怎么说也不行。这一回好了，有了毛主席的指示，有了武器，可以解决问题了。但是，某些持极左观点的人却截然相反，他们不让向下传达这封信。拥有至高无上权威的毛泽东亲自下达的意见，居然可以被人封锁，可见极左思潮所形成的阻力之大。田家英认定，毛泽东的信符合实际情况，表达了农民群众的意愿，他毅然突破封锁，立即组织向全公社广播这封信。这封信在农民和基层干部中引起巨大反响。大丰公社大部分没有按上级要求的密植程度插秧，农民有了积极性，很快完成插秧任务。

　　田家英的魄力和勇气，博得人们的称赞。他的这一行动，绝非那种畏首畏尾、缺乏胆识、前怕狼后怕虎的人所能做到的。这一点，倒有点像毛泽东的脾气。

　　后来，当调查组离别大丰公社的时候，8月6日那天，我们特地拜访了新繁县的老县委书记，一方面是告辞，一方面想听听县里对调查组有什么意见。那位老书记，年过五十，是南下干部，对党忠心耿耿，全心全意为人民，经常骑着一辆自行车，风尘仆仆，到乡下调查了解情况，帮助下面解决实际问题。他对"大跃进"那一套，包括虚报产量、高度密植很有意见，但是不敢说。那一天，他把心里话都掏出来了，这也表示他对田家英和调查组的信任。

他说:"你们这样做得对(指反对浮夸,反对过度密植等)。你们如果也像地方干部一样,真实情况不给中央讲,国家就危险。你们如果是地方干部,照那样做就要挨批判。你们刚来的时候,那些做法,我想是不是右一些。但后来想了想,你们的地位不同,是从中央来的,对你们来说,这不是缺点而是做得对的。除此以外,对你们再提不出什么缺点。你们是按主席的指示做的,做得对。但崇义乡的干部就不行了,他们上有省委、地委、县委。你们是坚持原则的。

"你们那里的群众干劲大,就是因为密植是自愿的。我们这里不大自愿。如果县委书记像你们那样,能不能脱手?那样做就要犯错误。搞密了,就是水稻一风吹倒,减了产,也不犯错误。搞稀了,谷子打得多还好,减了产,就受不了。老实说,你们那样做,我是同意的。栽秧子的时候,一天几次电话,催着我们抓紧密植。"

以上是从我的笔记本抄来的。当时老书记再三叮嘱我们,这些话只是内部对我们说的,不能向外面讲。这是完全可以理解的。我想,事过境迁,在党的错误思想指导下不敢公开讲的正确的话,在三十多年后的今天,可以而且应当公开出来。这对于总结历史经验教训不无益处。

1959年6月下旬,田家英去重庆,出席四川省五级干部会,然后再去参加庐山会议。过了两天,四川省委办公厅副主任黄流通知我,田家英要我带着调查材料去重庆。我在重庆住了两天，田家英又嘱咐我回去需要办的几件事。当我独自一人回到一中队。不知怎的，一种惜别和孤独的感觉笼罩了我，过了几天才逐渐消失。

田家英在大丰公社近四个月的调查中，同当地的干部、群众结下了深厚情谊。他是那样地平易近人，那样深切地关心群众的生产和生活，那样地爱护和帮助当地干部。到了插秧季节，肥料不足，他带头同干部群众一起到成都拉粪水，一个来回三十里地，有一个晚上拉了两趟。人们最爱听田家英讲话，不仅因为他口才好，操着一口浓重的四川家乡口音，更重要的是有内容、有道理，能打动人心。他善于把深刻的道理通过老百姓喜闻乐见的形式和最容易理解的感情，表达出来。他在一次干部大会上讲发扬革命传统精神时，讲到毛主席为了革命，全家牺牲了六口人[1]，这时全场鸦雀无声，有的人哭了。田家英给大丰乡的老百姓和干部留下的印象太深了，直到1983年我重访那里时，当年的干部一提起田家英，有的人还流泪不止，为他的含冤早逝而惋惜，深深地想念他。记得那一天，我一到大丰公社，镇子上一下子就传开了，有人说："田主任回来了！"有人就纳闷："田主任不是死了吗？"一位妇女对我说："田主任真是好人啊！"我那次到大丰，看到的又是一番景象。亩产已过千斤，把1958年的浮夸产量数字都远远抛到后面去了。

---

[1] 毛泽东家庭中为革命而牺牲的六个人是：毛泽东的夫人杨开慧，弟弟毛泽民、毛泽覃，堂妹毛泽建，儿子毛岸英，侄儿毛楚雄。毛泽东曾说：我这一家没有出叛卖革命的人。

1958年人们想象中的高产，在二十多年后变成了现实。集市上，熙熙攘攘，摩肩接踵。大量农产品上市，杂以服装日用品等，应有尽有，繁荣空前。真是切实感受到，党的十一届三中全会以后的农村，确实发生了巨大变化。

田家英在近四个月的四川调查中，掌握了大量第一手材料。调查期间，我们还经常谈论全国形势，得出一个共同的认识，就是搞"大跃进"，搞人民公社，是毛主席脱离实际，急躁冒进，犯了"左"的错误。田家英就是带着这个认识和一批材料上庐山的。调查组继续留在四川，随时向他提供调查材料。

田家英上山后，把我们调查的那个公社在粮食产量上的浮夸情况以及其他问题，向毛泽东做了汇报，又把调查组反映劳动模范罗世发对浮夸和过度密植等问题不满的一份材料送给毛泽东。这件事引起当时四川省委主要负责人的不快，与田家英发生争吵。后来毛泽东说了公道话，大意是：不要怕别人告状嘛。没有的事情不会因为别人说有，它就有了；有的事情，也不会因为别人说没有，它就没有。

田家英是个有话藏不住的人，在会议前期比较民主宽松的气氛中，他把自己对形势和对毛泽东个人的一些看法对别人说了，这些话很快在少数人中传开来。当整个会议转入反"右倾"，他就被人揭发了，成了批评对象。只是由于毛泽东的保护，他才得以幸免，没有被划到"军事俱乐部"里面去。这里值得一提的是，在斗争十分紧张的时候，田家英为了保护一起谈过话的胡乔木，冒着危险，去向李锐打招呼，叫他不要说出胡乔木谈论过的一些话。在当时是非颠倒、黑白不分的情况下，田家英这样做是对的。这同正常情况下的党内斗争中，对别人的错误不揭发、不批评，反而进行包庇的自由主义态度是两码事。这是应当说明的。田家英后来对我说，他当时考虑的是：胡乔木对党的贡献和作用比他大，宁肯牺牲自己，也要把他保护下来。危难之际方显英雄本色，田家英为党的利益做自我牺牲的精神，令人钦佩。

田家英在庐山的处境同我们在下面的命运休戚相关。8月6日，我突然接到北京的电话，说田家英有要紧工作，要我们立即返京。8月9日我们赶回北京。不知出了什么事，放心不下，跟田通了电话。田说，他同四川主要负责人有争论，而且争论得很激烈，主要是高度密植和产量浮夸问题，不过多数人都同情他。要我们回来，主要是怕我们处境困难。

庐山会议的这场斗争，是田家英一生中经历的第一次大的政治风浪。在这次错误进行的党内斗争中，他没有"揭发"别人，而且还保护了同志。他对一些善于窥测政治气候，伺机显示自己很"革命"，或者在"大跃进"中一贯表现极左，而对别人乱批乱揭的人，是很厌恶的。当然，由于主客观条件的限制，在那一边倒的政治大潮中，田家英对庐山会议的是非不可能像后来认识得那样清楚，对三面红旗也不可能从根本上加以否定，他向毛泽东当面做了检讨，得到毛的谅解。毛泽东对他说："照样做你的秘书工作。"

田家英在庐山会议上做检讨，是在极左思潮的强大压力下不得已而为之。事后他向人表示，他在第一次庐山会议时的检讨是言不由衷的。那时，他确实感到，毛泽东已离开了他曾经全力提倡和实行的实事求是的原则，头脑已经不那么清醒了，听不得不同意见的情绪也越来越明显。田家英还多次向我流露他在会议后期的心情，感到已无回天之力了！

显然，田家英在庐山会议期间的遭遇并不是个别的。在庐山会议前期，参加会议的多数人意见是基本一致的，到了后期，他们也都不得不进行这样那样的检讨，但是形式可以很不一样。

田家英在庐山会议上因得到毛泽东保护，过关了。会议之后，毛泽东特地让田家英参加他所领导的苏联《政治经济学（教科书）》第三版读书小组，从1959年12月10日到1960年2月9日，历时两个月。这表明，毛泽东对田家英仍是信任的。但是毋庸讳言，他们之间在政治上已经开始出现裂痕。

十、大兴调查研究之风和《反对本本主义》

1960年冬，农村中的严重问题已经大量暴露。11月3日，中央发出《关于农村人民公社当前政策问题的紧急指示信》，简称"十二条",提出彻底纠正"一平二调"的错误,开展整风整社。12月24日至1961年1月13日,毛泽东主持中央工作会议,做出《关于农村整风整社和若干政策问题的讨论纪要》。就在会议的最后一天,1月13日,毛泽东提出:大兴调查研究之风,使1961年成为实事求是年。这次会议为14日至18日召开的九中全会做了准备。毛泽东倡导大兴调查研究之风,对我们党制定比较符合实际情况的政策,比较有效地纠正当时已经认识到的错误,在一定程度上恢复党的实事求是的优良传统,起了关键性的作用。

正在中央全会结束的时候,一篇题名《调查工作》的文章,出现在毛泽东面前。毛非常高兴,这是他三十年前写的一篇文章,早已散失,多年来一直念念不忘。这篇文章是田家英亲自送给他的。文章的发现经过是这样的:1959年中国革命博物馆建馆,到各地收集革命文物,他们在福建龙岩地委收集到这篇文章的石印本。1960年中央政治研究室历史组的同志从革命博物馆借来,照石印件打字复印几份,并向田家英报送了一份。田家英稍后即报送毛泽东。当时大家都觉得这是一篇重要文献,但对于它在毛泽东思想发展史上所占的地位,它的真正价值,是估计不足的;这篇文章的重新发表,对于后来我们党的思想建设和实际工作会发生那么大的作用和影响,引起研究者那么高度的重视,更是想不到的。

对这篇文章,毛泽东在1961年3月11日专门写了一个批语,接着在3月广州会议的两次讲话中又都提到它,并做了说明和解释。从批语和两次讲话中人们可以了解,这篇文章是为着什么写的,是怎样写出来的,以及毛是如何地喜爱它。

1961年3月11日的批语写道:

> 这是一篇老文章,为了反对当时红军中的教条主义思想而写的。那时没有用"教条主义"这个名称,我们叫它做"本本主义"。写作时间大约在1930年春季,已经30年不见了。1961年1月,忽然从中央革命博物馆里找到,而中央革命博物馆是从福建龙岩地委找到的。看来还有些用处,印若干份供同志们参考。

在1961年3月13日广州三南会议上说:

> 今年一月找出了30年前我写的一篇文章,我自己看看觉得还有点道理,别人看怎么样不知道。"文章是自己的好",我对自己的文章有些也并不喜欢,这一篇我是喜欢的。这篇文章是经过一番大斗争写出来的,是在红四军党的第九次代表大会以后,1930年春天写的。过去到处找,找不到。[1]这篇文章请大

---

[1] 根据田家英当时的传达,这里还有一句话:"像想念自己的孩子一样。"

家研究一下，提出意见，哪些赞成，哪些不赞成，如果基本赞成，就照办，不用解释了。

在1961年3月23日广州中央工作会议上说：

这篇文章是1930年春季写的，总结那个时期的经验。这篇文章之前，还有一篇短文，题目叫反对本本主义，现在找不到了。这篇文章是最近找出来的。别的文章丢了我不记得，这篇文章我总是记得就是了。忽然找出来了。我是高兴的。

毛泽东在3月23日会议上对这篇文章的解释，我认为有两点特别重要。第一点，在解释第三个问题"反对本本主义"的时候说：这里面包含一个批评、破除迷信的问题。那个时候不管三七二十一，只要是上级的东西就是好的。比如六次大会的决议，那个东西你拿来如何实现呢？你如果不搞些具体措施，是很难实现的。不要说"六大"决议有部分的问题，有若干缺点或错误，就是正确，没有具体措施，没有调查研究，也不可能实现。第二点，在解释第六个问题"中国革命斗争的胜利要靠中国同志了解中国情况"的时候说："第六段我看现在还用处不少，将来也用得着。中国斗争胜利要靠中国同志了解中国情形，不能依靠外国同志了解中国情形，或者依靠外国帮助我们打胜仗。这还没有料到后头的王明路线，立三路线还没有出现。我们有一个时期依靠共产国际给我们写决议，给我们写纲领，向我们作指示。"

《调查工作》恰好在刚刚提倡大兴调查研究之风的时候，由田家英送到毛泽东手中，这是一件大好事。它的重要价值被重新发现，成为推动全党搞调查研究，转变思想作风的有力武器。

这篇文章尽管如此重要，但毛泽东对于是否公开发表持谨慎态度。他在3月23日的会议上说：我不赞成现在发表，只在内部看一看就是了。他说：现在的作用在什么地方呢？这个文章会有些人不懂得。为什么呢？因为讲的是当时民主革命的问题，民主革命是反帝反封建的问题。现在的问题是搞社会主义革命和社会主义建设，必须向看文章的人说明这一点。他再三提醒人们说：这篇文章发下去的时候，有些要解释一下，主要是讲基本方法。民主革命时期要进行调查研究，社会主义建设阶段仍要进行调查研究，一万年还要进行调查研究。这个方法是可取的。这个文章是为解决资产阶级民主革命的问题，现在的问题就不是这个问题。就讲清楚这一点。

毛泽东这些话本身就包含着辩证法的精神和反对教条主义的精神。

1961年3月11日，毛泽东将《调查工作》印发给参加广州会议的同志时，把题目改为《关于调查工作》，做了少量文字修改，如把"布尔什维克"改为"共产党人"，把"苏维埃"

改为"政府",把"六次大会"改为"党的第六次大会"等。

随着时间的推移,《关于调查工作》一文的作用和意义被越来越多的人所了解,党内许多同志要求公开发表。1964年经毛泽东同意,在《毛泽东著作选读》甲种本和乙种本中首次公开发表了。

这篇文章收入选读本时,田家英又做了一些文字修订。为了确定文章写作时间,他3月25日晚送请毛泽东审定这篇文章时,写信说:"这篇文章的写作时间,希望主席再回忆一下,如果能记起在什么地方写的,或者写作前后有什么较大事件,我们便可以根据这些线索,考订出比较准确的写作时间。"

毛泽东当晚将稿子退田家英,把文章题目又改为《反对本本主义》,写了一个批语:"此文是在1929年写的,地点记不清楚。先写了一篇短文,题名'反对本本主义',是在江西寻乌县写的。后来觉得此文太短,不足以说服同志,又改写了这篇长文,内容基本一样,不过有所发挥罢了。当时两文都有油印本。"这里要请读者注意,毛泽东在随后再次送审的稿子上,亲笔加了一句话:"马克思主义的本本是要学习的,但是必须同我国的实际情况相结合。我们需要'本本',但是一定要纠正脱离实际情况的本本主义。"这是毛泽东对这篇文章所做的唯一的一处涉及实质内容的改动。这无疑是一个很重要的增补。但是通观全文,这个思想原本就有的,不过没有做出这样概括性的表述罢了。

把文章写作时间定为1929年，田家英表示怀疑，请中央政治研究室历史组的一位同志将毛泽东1929年1月至1930年8月这段时间的活动搞了一个详细材料送给毛泽东。毛泽东看后将写作时间最后定为1930年5月。

《反对本本主义》是一篇重要历史文献，对研究中共党史和毛泽东思想发展史有重大意义；它又是一篇具有科学价值和现实意义的著作，那些具有普遍意义的思想将永远闪耀着它的光芒。读者可以看到，毛泽东思想的活的灵魂，即实事求是、群众路线、独立自主这三个方面的基本内容，在这篇文章里都有了。这篇文章被找出来，受到重视，并能公之于世，这要感谢当年文献的收藏者和收集者福建龙岩地委的同志、革命博物馆的同志和中央政治研究室历史组的同志，特别要感谢田家英。

十一、浙江调查和人民公社"六十条"

1961年1月中旬，党的八届九中全会快要结束了，毛泽东把田家英叫去，说："你这次没有参加会议，我怎么不知道？"随后让会议组的同志给田家英送去一套会议文件。

1月20日，田家英接到毛泽东的一封信。

田家英同志：

（一）《调查工作》这篇文章，请你分送陈伯达、胡乔木各一份，注上我请他们修改的话（文字上，内容上）。

（二）已告陈胡，和你一样，各带一个调查组，共三个组，每组组员六人，连组长共七人，组长为陈、胡、田。在今、明、后三天组成。每个人都要是高级水平的，低级的不要。每人发《调查工作》（1930年春季的）一份，讨论一下。

（三）你去浙江，胡去湖南，陈去广东。去搞农村。六个组员分成两个小组，一人为组长，二人为组员。陈、胡、田为大组长。一个小组（三人）调查一个最坏的生产队，另一个小组调查一个最好的生产队。中间队不要搞。时间十天至十五天。然后去广东，三组同去，与我会合，向我作报告。然后，转入广州市作调查，调查工业又要有一个月，连前共两个月。都到广东过春节。

毛泽东

一月二十日下午四时

此信给三组二十一个人看并加讨论，至要至要！！！

毛泽东又及

1月20日下午，我正在中央档案馆同那里的同志一起编辑毛泽东著作全目，突然接到田家英的电话，要我立即回中南海。

我急急忙忙赶回来，读了毛泽东的信，即做出发的准备。

田家英领导的浙江调查组迅速组成，第二天离开北京，22日到达杭州。

这次调查，是在国民经济持续恶化、接近崩溃的地步，是在毛泽东面临严重经济困难头脑比较冷静的时候，也是在毛泽东大兴调查研究之风、决心扭转困难局面的情况下进行的。一贯热心作农村调查、对国家困难深为忧虑的田家英，此时此刻被委以重任，能为国家和人民奉献一点力量，自然感到高兴。

浙江调查组经与浙江省委商量，按照毛泽东抓两头的调查方法，决定在嘉善县（后同嘉兴合并）选一个差的生产队，在富阳县选一个好的生产队。我被指派到那个差的生产队，叫和合生产队，是田家英重点抓的点。当时所说的生产队，就是后来的生产大队，大略相当于现在的大自然村。调查组有省里的同志参加，当时任浙江省委副秘书长的薛驹，自始至终地参加了这次调查。毛泽东住在杭州，随时听取调查组的汇报并给以指导。

调查组在田家英的领导下，工作搞得有声有色，生动活泼。既在调查中发现了一些重要问题，又在当地干部中起了表率作用。

田家英对这次调查工作的指导思想是两句话："打开脑筋""敢于发现问题"。他拟了一副对联，作为调查组的工作守则，上联是"同吃同住不同劳"，下联是"敢想敢说不敢做"。还有两句话，叫作"同心同德""忧国忧民"。为什么不讲"同劳动"呢？当时正值冬闲季节，调查工作又很紧张，搞"同劳动"，势必流于形式，反而影响调查。但在生活上，田家英对调查组的同志要求十分严格，不准搞特殊。有一个调查小组，一到公社，公社干部送来一大碗猪肉，调查组的同志吃了。田得知此事，赶到那里，狠狠地批评了一顿，生气地说：老百姓饭都吃不饱，你们还吃肉！让他们都做了检讨。后来，在富阳县委召开的一次会议上，他还就此事向当地干部做了自我批评。他说："调查组有缺点，开始公社给肉吃，没有断然拒绝，是我们的缺点。"所谓"敢想敢说"，就是要打破思想框框，在调查组内部不设禁忌，什么话都可以说，什么意见都可以提。所谓"不敢做"，是指对外特别是对当地工作，有意见要通过组织向省委领导反映，不准在下边指手画脚，随意指挥，以免干扰地方工作。

田家英在调查中，十分注意搞好同当地干部的关系，很尊重他们，又用毛泽东思想和党的原则引导和教育他们。在一次有县、社干部和调查组成员参加的会议上，田说："调查组的同志，不能骄傲，不能有居高临下的态度。从上面来的调查组总是给老百姓做好事，而不是要东西（公粮），所以往往给人家好的印象。公社干部的日子比我们不好过，挨骂的是你们，好话都是我们说。"这一番话，既教育了调查组的同志，又深切地体谅当地干部的难处，增进了相互之间的理解和团结。

说实在的，当时下去调查，只要态度端正，发现问题并不困难，实在是问题成堆，俯拾即是。但要说容易，也并不那么容易。关键在于能不能冲破思想束缚，有没有提出问题的勇气。经过反"右倾"运动，大家的思想被束缚得紧紧的，真是不敢越雷池一步。有一些问题明知不对不敢说，也有一些则是把错误的误认为是正确的。就拿食堂问题来说，调查组的两个点就有两种不同的看法。一个点上的调查，由于没有深入下去，仍然受旧框框的束缚，得出的结论是应该如何把食堂办好；另一个点上的调查，由于真正了解到群众对食堂的强烈不满情绪，认为食堂难以为继，应当解散。田家英参加了那后一个点的调查，赞成他们的意见。但是，善于不善于发现问题是一回事，敢于不敢于向毛泽东反映像食堂这个特别敏感的问题又是一回事。当时，主张维护食堂的人，包括一些高级负责人，包括其他一些调查组，还大有人在；过去有些人因食堂问题被打成"右倾机会主义分子"的事，人们仍记忆犹新；中央刚刚发出的"十二条"指示信明文规定，必须"坚持食堂"，等等。所有这些，田家英不是没有考虑，但最后还是向毛泽东反映了真实情况并陈述了自己的意见。田家英敢于直言的精神，在重要关节上又一次显示出来。还有一个问题，即造成农业大幅度减产的原因究竟是什么？就我们所调查的地方来说（有相当的代表性），既不是天灾，更不是民主革命不彻底、阶级敌人复辟，完全是"五风"造成的。田也向毛陈述了这个意见。我参加调查的那个位于杭嘉湖平原鱼米之乡的和合生产队，水稻亩产通常是四百斤以上，1960年竟只有二百九十一斤。这个数字深深地触动了毛泽东。

田家英很重视做历史的调查。他直接指导我的调查工作，让我和省里的一位同志对和合生产队的生产情况，从土改后到公社化的全部历史，做了详细调查。参加的人不多，请来一位老贫农、一位老雇农、一位老中农和生产队队长，共四人。我们促膝交谈，有问有答，既是调查会，又是讨论会，连续谈了五六天。这样，对这个生产队的历史及现状了解得比较透彻，这对于了解土改后中国农村各个历史发展阶段的情况，大有益处。有了历史的比较，哪些东西是好的应当恢复，哪些东西是不好的应当抛弃，以及现在存在的问题是什么，就看得比较清楚了。田家英把这个生产队的情况，从历史到现状（包括规模、体制、生产等），向毛泽东做了汇报。

就在这次汇报中，田家英建议中央搞一个人民公社工作条例，被采纳了。后来，毛泽东在广州会议上提到这个工作条例的由来时，是这样说的："我是听了谁的话呢？就是听了田家英的话，他说搞条例比较好。我在杭州的时候，就找了江华同志、林乎加同志、田家英同志，我们商量了一下，搞这个条例有必要。搞条例不是我创议的，是别人创议的，我抓住这个东西来搞。"

2月5日，毛泽东在听取田家英等人的汇报时，提出一些重要意见。现根据我当时听传达的记录，将要点记载于下：

一、怎样克服"五风"改变面貌问题。问题主要是"五风"，瞎指挥。除自留地、蔬菜地以外，再留百分之三的土地归小队（按：即后来的生产队）机动使用，可以多种多样。

二、退赔问题。要决心赔，破产赔。谁决定的由谁退赔。要使干部懂得，剥夺农民是不行的。这种做法是反动的，是破坏社会主义而不是建设社会主义。

三、自留地问题。几放几收，都有道理。两个道理归根是一个道理——还是给农民自留地。要把反复的原因向农民交代清楚，基层干部要从反复中取得经验，作对比，就有了理论上的根据了。再反复，搞下去就是饿、病、逃、荒、死。

四、起草一个工作条例，规定公社三级怎么做工作。调查时，看看坏的，也看看好的，不然就要钻牛角尖。（田家英着重汇报的是和合生产队的情况，这是一个工作差的队。毛泽东是针对这一点讲的。——引者注）

五、规模问题。和合生产队太大了，是否分成三个，或者把小队当基本核算单位，生产队变大队，明升暗降。小队变成生产单位和消费单位。几个小队悬殊大，拉平分配，破坏积极性，基本原则是增产。

六、食堂问题。按群众要求办事，可以多种多样。单身汉、劳力强没有做饭的，要求办常年食堂，多数人要求办农忙食堂，少数人要求自己做饭。这个问题要调查研究一下，使食堂符合群众的需要。30户中有5户要求办常年食堂的，那就要办。养猪的要求在家里做饭，是可以的。总之，要符合群众的要求，否则总是要垮台的。

七、干部手脚不干净的问题。百分之三四十的贪污面，百分之七八十的手脚不干净。统统撤掉不行。处理要按群众意见办，群众允许过关的就放过，不允许的就撤职。

以上这些，大体反映了毛泽东当时对人民公社以及农村政策问题的一些基本看法，有些是已经明确了的，有些是正在酝酿之中。后来他又听了湖南、广东等调查组的汇报。这就为广州会议的召开和主持起草《人民公社工作条例（草案）》（简称"六十条"）做了准备。

2月21日，田家英和我遵照毛泽东的指示，离开杭州去广州。23日，三个调查组在广州会合，准备起草人民公社工作条例。

起草工作一直是在毛泽东的指导下进行的。2月26日起草委员会召开会议,主要是确定条例的框架和基本内容。出席会议的有:陶铸、陈伯达、胡乔木、田家英、廖鲁言、赵紫阳、邓力群、许立群、王力、王录,我也参加了会议。从27日起,进入具体起草阶段,主要由廖鲁言、田家英、王录、赵紫阳分别起草。

3月10日,由毛泽东主持的"三南"会议在广州开幕,参加会议的是中南、华南、西南三个大区的中央局书记和各省、市、自治区书记,主要讨论公社工作条例和农业问题。与此同时,由刘少奇主持的"三北"(指华北、东北、西北三个大区)会议,在北京召开。

3月13日,毛泽东在"三南"会议发表重要讲话,主题是反对两个平均主义,即人与人之间、队与队之间分配上的平均主义。这是他根据三个调查组的调查得出的一个基本思想,成为人民公社工作条例的核心和基石。

反对两个平均主义,在今天看来,似乎没有什么了不起。但是,我们对待任何一个问题都不能离开当时当地的具体条件。这个问题,先是由广东调查组提出来的,毛泽东抓住这个问题,把它作为解决农村人民公社问题的突破口。当然,他提出反对两个平均主义,既受当时客观历史条件的限制,也受他自己主观认识的限制,所以还是不彻底的。但无论如何这是一个重要的进步,它是党在一段时间内解决农村问题的指导思想。

3月14日,"三北""三南"两个会议合并,在广州召开中央工作会议。

3月15日,工作条例经过修改,写出第二稿。第二天,送给毛泽东。当天下午三时,毛泽东召集陈伯达、胡乔木、田家英、廖鲁言谈条例问题,决定将条例印发会议讨论。会议共讨论了两天,有一个争论的问题,就是关于是否以生产小队(即后来的生产队)为基本核算单位,会议没有做出结论。

3月15日,刘少奇在中南、华北小组会上有一段插话。他说:(一)对"五保户"实行部分供给制,实际上是社会保险,农民是赞成的。但其余的统统要按劳分配,多劳多得,多劳多吃。活劳动转化为死劳动,劳动力就是钱,就是物资。所谓经济工作越做越细,就是要节约劳动时间,提高劳动效率,所以加班加点一定要给钱。(二)搞家庭副业、自留地,这是经济民主。刘少奇这段话很重要,蕴含着深刻的思想。这表明当时刘少奇已经对平均主义的供给制持否定态度。

3月19日,开始修改工作条例第二稿,吸收每一个大区一人至三人参加。华北是陶鲁笳,西北是白治民,东北是冯纪新,中南是王延春、赵紫阳,华东是林乎加、薛驹、魏文伯,西南是黄流。

胡乔木向起草组传达了毛泽东当天中午的谈话。根据我当时的记录引证如下:

这个条例怎么样？没有危险吗？农业问题抓得晚了一些。这次一定决心解决问题。第二次郑州会议，问题解决得不彻底，只开了三天会，而且是一批一批地开，开会的方法也有问题。庐山会议本应继续解决郑州会议没有解决的问题，中间来了一个插曲，反右，其实应该反"左"。1960年上海会议对农村问题也提了一下，但主要讨论国际问题。北戴河会议也主要是解决国际问题。"十二条"起了很大作用，但只是解决了"调"的问题，没有解决"平"的问题。12月中央工作会议，只零碎地解决了一些问题。农村问题，1959年即已发生，庐山会议反右，使问题加重，1960年更严重。饿死人，到1960年夏天才反映到中央。

3月22日，中央工作会议通过《农村人民公社工作条例（草案）》。同日，党中央发出《关于讨论农村人民公社工作条例草案给全党同志的信》，要求各地对条例进行认真讨论，在总结经验的基础上，切实解决人民公社中的问题。

3月23日，中央工作会议最后的一天，通过《中共中央关于认真进行调查工作问题给各中央局，各省、市、区党委的一封信》。这封信是胡乔木代中央起草的。信很长，别的内容人们大概都忘了，但有一句话比较不容易忘记："在调查的时候，不要怕听言之有物的不同意见，更不要怕实践检验推翻了已经作出的判断和决定。"通过这封指示信的时候，毛泽东把田家英请到主席台上，坐在他的旁边，田家英一面读，毛泽东一面解释。最后，毛泽东专门对《调查工作》(即《反对本本主义》)一文做了说明、讲解和发挥。当天晚上，毛找田谈话，指示把调查工作延长到5月，再到江苏去调查二十几天，搞三个点。后来，我们没有去江苏，而是继续在浙江调查。

广州会议是一次重要的会议，用毛泽东的话来评价，这是公社化以来中央同志第一次坐下来一起讨论和彻底解决农业问题。广州会议的主要成果就是制定了人民公社"六十条"。

"六十条"集中了广大群众和干部的意见和要求。但是，它是不是正确？是不是符合实际？行得通行不通？还有一些什么问题需要解决？这就需要再拿到群众中去征求意见，放到实践中去检验一番。这就是毛泽东历来倡导的群众路线的工作方法。

广州会议一结束，田家英和我就于3月26日回到杭州，主要任务是搞"六十条"的试点和讨论工作。田在向调查组布置这一任务时，强调要"继续打开脑筋"。他说："对这个文件，一方面要有充足的评价，另一方面也不要盲从，因为还有一些问题，例如手工业、商业等都还没有完全解决。在条例的试点和讨论中，仍然要敢于和善于提出问题，敢于发现问题。"由于这一阶段不单是调查，还带有工作的性质，有时还需要决定一些问题，因此，田家英特别嘱咐大家："这一阶段更要严肃纪律，特别是搞试点的。现在是要拍板。是不是真正群众的意见要弄清楚，不要为假象所迷惑。特别是对大的问题，更要慎重，不要急，要对群众负责。'临事而惧，好谋而成。'任何个人不得随意决定问题，凡是大事，要一再商量，有些事我们还要同省委商量。我们调查组受到省委的重视，越是这样，我们越是要兢兢业业。"

我们的试点工作，一直进行到4月中旬。在这期间，一个调查小组通过一个偶然的机会，发现富阳县有一个生产大队，在一些严重违法乱纪分子的把持下，生产遭到严重破坏，人民生活极端困难，发生了非正常死亡的现象。田家英得知后，立即于4月9日同我一道赶到那里。他听了调查组的汇报，第二天召开全管理区干部大会。田家英做长篇讲话，对违法乱纪分子进行了声色俱厉的批评和斥责，对其他干部进行了入情入理的说服教育。全场秩序井然，大家被他感人的、有力的讲演所吸引。他揭露了这里一些惨不忍睹的事情，当他说到"共产党员看到这种情况，是很痛心的"时候，哽咽住了，长时间说不出话来，难过得流了泪。最后，他宣讲了"六十条"，并对这里如何讨论和试行"六十条"提出具体意见。田家英这次的到来和讲话，成为这个生产大队的转折点。在县委的领导下，加上调查组的协助，这个大队很快恢复了生机。不到两年，丰收欢快的景象又重新展现在这块美丽富饶的江南土地上。1980年3月29日晨，当这个大队的干部和群众从广播里听到中央在为

"文革"中含冤去世的田家英平反昭雪的消息,许多人十分悲痛,含泪奔走相告。这个大队立即给田家英的夫人董边写来慰问信,并要田家英的照片,永作留念。

田家英对人民,特别是对广大的贫苦农民有一种特殊的感情。他爱人民,为人民的利益而奋斗,以人民的根本利益为最高利益。他在浙江调查和"六十条"试点工作中,始终贯彻这个思想,坚持以毛泽东的群众路线理论教育和武装干部。

他说:"人民公社工作条例中特别提到要关心群众生活,要有群众观点。群众观点,首先是全心全意关心群众的生活。要真正把群众利益放在第一位。为群众谋利益同对上级负责是一致的。符合群众利益的事就做,否则就要抗。所谓抗并不是无组织无纪律,要经过一定的手续。下级服从上级,少数服从多数,必须坚持这个原则。凡是违反群众利益的,破坏生产的(这里指瞎指挥。——引者注),都要反对。如果对上面错误的东西不提意见,盲目执行,自己就要负责。"又说:"由于为人民服务的观念不强,使我们的工作缺乏坚定性,这是一条重要的教训。必须真正做到对党负责和对人民负责的一致性。有一个干部说:'我们过去怕整风,怕批评,怕丢面子,就是不怕老百姓没有饭吃。'""工作上出现错误和缺点,对有些人来说是对人民负责不够。要有不怕丢乌纱帽的精神。有些同志明明看到群众没有饭吃,不敢反映,怕丢乌纱帽。有人不敢抗歪风,主要是群众观点薄弱。上级的指示要执行,但是如果有错误,就应当反映，提意见。无非是妻离子散，打成右派，儿子不叫父亲，死于非命，怕什么！要坚持真理。何况我们党不是不听意见的。"在讲到动机与效果的关系时，田家英说："人民的利益是衡量动机好坏的标准，凡是违反人民利益的要马上制止。这几年的一些工作，是蛮干，是傻子，效果不好，要马上改。"

田家英讲这些话时离现在快三十年了，这些话都是针对当时情况讲的，但今天读来仍然掷地有声。他讲话时的神态和音容笑貌，还活生生地留在我的记忆里。

就在浙江嘉善搞"六十条"试点的时候，一天晚饭后，我们一起散步，田家英向我背诵了郑板桥的一首诗，诗曰："衙斋卧听萧萧竹，疑是民间疾苦声；些小吾曹州县吏，一枝一叶总关情。"这是郑板桥在山东潍县做知县的时候，在送给巡抚的一幅画竹上题写的四句诗。田家英深为感慨地说：一个封建时代的县官尚且如此关心老百姓的疾苦，何况我们是共产党员呢！的确，作为共产党员的田家英继承了中国知识分子忧国忧民的优良传统，并在马克思主义世界观的基础上加以发展。

田家英出身贫寒，自幼受到社会的和家庭的不公道待遇。因家庭不供他上学，十三岁就辍学，在哥哥开的一个中药铺里当学徒。他过着寄人篱下的生活，又目睹旧社会的黑暗，深切体会到平民百姓的苦难，极易接受革命思想。抗日战争爆发，在民族危亡的时刻，满腔爱国热情的田家英离开家乡成都，奔赴革命圣地延安去找共产党。当时他才是一个十六岁的少年。

他参加革命以后，自觉地走上毛泽东指引的知识分子与工农大众相结合的道路。在马列主义、毛泽东思想的教育下，使自己朴素的阶级感情上升到理性阶段，思想升华到相当的高度。他的群众观点是坚定的、牢固的、始终如一的。1947年他到晋西静乐县张家庄搞土改，亲身经历了这场伟大的反封建的土地改革运动，同当地贫苦农民建立了深厚的感情。他常常给我讲那段历史。他说，他住在一户贫农家里，那位老大娘对他特别好。那时很困难，老百姓没有粮食吃。可是每天晚上回来，在他枕头下面总是放着一个小口袋，里面装着一点炒黄豆。那个山庄有狼，夜晚出没在山野里，田家英经常晚上出去开会，一位老雇农自愿做他的保镖，身背一把大刀，跟在他的后面。1956年我们到山西调查，又特地来到这里，见到了那位老大娘和老雇农。我们进村以后，村民听说田家英来了，都来看他，"老田""老田"地称呼着，叫得特别亲热。我们走的那一天，村里的群众站在黄土岗上，一直看着我们远远地离去。

浙江调查和"六十条"试点工作，4月中旬告一段落。调查组全体成员搬到杭州刘庄，同毛泽东住在一起。

4月23日，毛泽东找田家英谈话，研究下一步的调查工作，既谈到全党范围的，也谈到浙江调查组的。4月25日，他写信给当时在杭州的邓小平，提出5月召开中央工作会议，继续广州会议尚未完成的工作：修改人民公社"六十条"和继续整顿"五风"，并要求到会同志利用这一段时间，对农村中的若干关键问题[1]进行重点调查。请邓小平找田家英一起起草中央通知。当天上午，田把写好的通知送邓审定。晚上，田参加了毛泽东召集的会议，会议开到次日凌晨二时。在这次会上，决定浙江调查组继续就上述问题进行调查。第二天，调查组分赴三个地点，又投入了新的紧张工作。我们这次调查，是党中央布置各地做重点调查的一个组成部分。所有这些调查，为5月北京会议做了准备。

田家英领导浙江调查，从1961年1月23日开始工作，到5月3日结束，中间参加广州会议，参加起草"六十条"和"六十条"试点工作，整整一百天。在这一百天里，不论在工作上、思想上，内容都是十分丰富的，田家英过得紧张而又愉快。他向毛泽东提出许多重要意见，帮助毛做了许多工作，受到毛的称赞。他言传身教，循循善诱，带出一支好的调查工作队伍。他以身作则，平易近人，积极宣传毛泽东思想，为群众解决实际问题的事迹，在当地干部和群众中广为传扬。他在一些场合中，对如何搞社会主义这一问题，提出一些颇有见地的思想，在今天看来仍然有一定的意义（这在后面将做专门介绍）。整个调查和试点工作中，充分显示出田家英是一位有个性、有特色、有思想、有才能的领导者和组织者。

---

[1] 毛泽东提出的这些问题是：食堂问题，粮食问题，供给制问题，自留山问题，山林分级管理问题，耕牛、农具归大队所有好还是归队所有好的问题，一二类县、社、队全面整风和坚决退赔问题，反对恩赐观点、坚决走群众路线问题，向群众请教、大兴调查研究之风问题，恢复手工业问题，恢复供销社问题。

1961年5月21日到6月12日，中共中央在北京举行会议。会议根据中央和各地区、各部门的调查，对《农村人民公社工作条例（草案）》进行修改，制定了工作条例的"修正草案"。修改部分主要是取消了原草案中关于食堂和供给制的规定。会议还讨论了商业工作和城市手工业工作。

会议期间，田家英根据毛泽东提出的四个问题（调查研究、群众路线、退赔、甄别平反），为中央起草了《关于讨论和试行农村人民公社工作条例修正草案的指示》。《指示》提出，对几年来受批判处分的党员和干部进行实事求是的甄别平反。其中特别规定，以后在不脱产干部和群众中，不再开展反右倾反"左"倾的斗争，也不许戴政治帽子。这是一个很重要的规定。鉴于几年来在政治运动中，动不动反右倾，随意地给人戴上右倾机会主义帽子，伤了许多人，其中也有不脱产干部和一般群众。这是一个严重教训。反倾向斗争，不论是右倾还是"左"倾，本来是共产党解决党内问题使用的概念，即使在党内也不能随意使用，何况对不脱产干部和一般群众呢。

毛泽东在会议上做了自我批评，对党所犯的错误承担了主要责任。他说："违反客观事物的规律，要受惩罚，要检讨。"五月会议以后，全国经济形势继续好转，党内民主生活进一步恢复正常。[1]

---

[1] 顺便说一下，这次会议期间，胡乔木因患严重的神经衰弱，中途请病假，直至田家英含冤去世和"十年浩劫"开始，没有恢复工作。从此，田家英和他在工作上的交往就基本上中断了。

"六十条"是毛泽东提出大兴调查研究之风结出的第一个硕果。这个文件对于扭转农业局势以至整个国民经济的困难局面,起了重大作用。在它的带动下,全国各条战线相继制定工作条例,形成一整套比较符合当时实际情况的具体政策。"六十条"集中了全党的智慧,体现了毛泽东当时的农业政策思想,其中也包含着田家英的一份贡献。

同对待任何事物都要采取历史唯物主义的观点一样,对"六十条"也不能简单地用今天的标准去衡量它。"六十条"基本上还是坚持实行以政社合一为特征的人民公社体制。实践证明,这种体制对于充分调动农民的积极性,发展农业生产,是不适应的。从20世纪80年代初起,我国大多数农村逐步推行了家庭联产承包责任制,取代人民公社制,获得了举世公认的成就。一部分农村虽然改变了人民公社制,仍然保持集体经济,这些地方一般发展水平较高,发展速度较快,这一点也需要着重指出。

十二、"开一个心情舒畅的会"

"六十条"在全国范围的宣讲和试行,在农民中引起强烈反响,收到很好的效果,农业很快开始复苏。毛泽东很高兴。这时,中央又着手系统地解决工业、教育、科学等战线的问题。1961年8月至9月召开的第二次庐山会议就是为了解决这些方面的政策问题。

上山之前，毛泽东曾对田家英说："这次要开一个心情舒畅的会。"

召开第二次庐山会议，不能不联想到第一次庐山会议。第一次庐山会议引起的灾难性后果，毛的感受不会比别人小。从1960年夏天起，农村中的严重情况逐渐反映到中央，反映到毛泽东那里。他的心情沉重起来。在那些日子里，他常常闷闷不乐，沉默寡言，有时长时间地呆坐在那里，凝思不动。这种情况在过去是少有的。到1960年11月初，他亲自主持起草中央"十二条"指示信，首先下决心解决农业问题。

毛泽东说：

> 庐山会议的估计不灵了。当时认为一年之内形势可以好转，以为右倾压下去了，"共产风"压下去了，加上几个"大办"就解决问题了。当时有人说：逢单年不利，逢双年有利。今年是双年，要说逢双年有利，实际上并不是这样，"共产风"比1958年刮得还厉害。原来估计1960年会好一些，但没有估计对。1960年有天灾又有人祸，敌人的破坏尚且不说，我们工作上是有错误的，突出的是大办水利，大办工业，调劳动力过多。（1960年12月30日在听取各中央局汇报时的插话）

> 郑州会议的召开是为了反"左"的，从3月到6

月只反了4个月的"左"。如果继续反下去就好了。谁知道彭德怀在中间插了一手,我们就反右。反右是正确的,但带来一个高估产、高征购、高分配。这个教训值得我们记取。庐山会议反右这股风把反"左"打断了。(1961年3月5日对几位中央领导人的谈话)

对于错误地批判彭德怀,毛泽东这时并无后悔之意("反右是正确的"),但对于因反彭德怀而打断纠"左"过程、从而遭受更大的"共产风"的破坏,则是痛定思痛,心情确实很不舒畅。他决定二上庐山,想开一个心情舒畅的会,是不是也包含着想求得一种心理上的平衡呢?

果然,这一次会议没有紧张的气氛,没有批判的场面,大家的心情平静而舒坦,比较地敢于批评和议论工作中的问题和失误,又产生了几个好的文件,如《中共中央关于当前工业问题的指示》《工业七十条》《高教六十条》。田家英在第一次庐山会议后期是受压的,参加这次会议却是另一种心境。但是有一点使田感到不安。当时毛泽东对国内经济形势的估计是已经到了"谷底"。田认为,在农业方面可以这样说,在工业方面就不能这样说,因为工业生产仍在继续下降。他半夜里睡不着觉,便到梅行(当时参加起草《工业问题的指示》和《工业七十条》)的卧室去讨论这个问题,直至天亮。

第二次庐山会议主要讨论工业问题和财贸、教育等问题,但毛泽东的兴趣仍然在农村方面。他始终关注着公社"六十条"的命运，关心着"六十条"的执行情况。

我们党在1959年走了一段曲折的路程，这个教训深深地印在毛泽东的心里。他对于"六十条"能不能得到贯彻执行，"六十条"是否能真正彻底解决问题，会不会再来一个反复，是担着心的。1961年8月23日，第二次庐山会议的第一天，他在中央和各大区负责人的会议上，讲了一篇话，大体上反映了他的这种心态。

他说：

讲到社会主义，不甚了了。"六十条"都是社会主义，这个问题究竟如何，你们说有一套了，我还不大相信。不要迷信广州会议、北京会议搞了一套，认为彻底解决问题了。我看还要碰三年，还要碰大钉子。会不会遭许多挫折和失败？一定会。现在遭了挫折和失败，碰了钉子，但还碰得不够，还要碰。再搞两三年看看能不能搞出一套来。对社会主义，我们现在有些了解，但不甚了了。我们搞社会主义是边建设边学习。搞社会主义，才有社会主义经验，"未有学养子而后嫁者也"。郑州会议犯了错误，分三批开，一批开一天，我打你通，略知梗概，不甚了了，经过六个月，到庐山会议。会议顶住了彭德怀的那股风，是对的，不顶不行。但也犯了错误，不应一直传达下去。现在搞了"六十条"，不要认为一切问题都解决了。搞社会主义，我们没有一套，没有把握。

我国在社会主义建设方面的挫折，教育了全党，也教育了毛泽东。到1960年冬，他已经开始冷静下来，觉悟到："看来建设社会主义只能逐步地搞，不能一下子搞得太多太快。我设想，社会主义建设大概要搞半个世纪。"（1960年12月30日的一次谈话）1962年"七千人大会"上，毛泽东在总结我国社会主义建设经验时指出："在社会主义建设上，我们还有很大的盲目性。社会主义经济，对于我们来说，还有许多未被认识的必然王国。拿我来说，经济建设工作中的许多问题，还不懂得。工业、商业，我就不大懂。对于农业，我懂得一点。"但是，"我注意得较多的是制度方面的问题，生产关系方面的问题。至于生产力方面，我的知识很少"。他的这段总结讲得很坦率，也很中肯。毛泽东在战争问题上，在民主革命问题上，经验丰富，可以说一帆风顺。但在建设问题上，以及在社会主义革命的若干问题上，自己的知识和经验比较缺乏，对别人以及党的领导集体的知识和经验又不善于尊重，所以在工作指导上发生错误。毛泽东不赞成照搬苏联的经验，强调要结合中国实际，走出一条中国的路子，这是对的，但是没有达到预期的目的。这里面有很多经验教训值得总结。这不是本文的任务，这里不去多讲。

就在这次会上，中南的同志（陶铸、王任重等）谈到"六十条"解决了生产队的问题，但土地、耕畜、劳力归生产队所有，而分配则以大队为核算单位,所有权与分配权有矛盾。毛泽东很重视这个意见,提出应当加以研究。其实,这个矛盾毛泽东早已发觉,在3月广州会议上,他曾批给与会同志阅看一份反映这个矛盾的材料,想在"全国各地推行",结果没有被通过。对于人民公社体制上存在的这个问题,毛泽东一直揣在心里。第二次庐山会议后,他仍是沿着这条思路,继续为纠正人民公社内部的平均主义而进行探索。

1961年9月27日,毛泽东召集邯郸谈话会,就基本核算单位问题亲自做调查。29日,他写信给中央常委及有关同志,明确表明了自己的意见:人民公社的基本核算单位应是生产队而不是大队。他说:"我们对农业方面的严重的平均主义的问题,至今还没有完全解决,还留下一个问题。农民说,六十条就是缺了这一条。这一条是什么呢?就是生产权在小队分配权却在大队。"

改变基本核算单位,是公社体制上的重大调整,是对"六十条"的重要突破。(实际上,就经营规模的大体而论,这是正确地退回到初级合作社,只是还保留政社合一这个僵硬的外壳罢了,这个外壳仍然是农业生产发展的严重障碍。)毛泽东虽然做出了决策,但他认为,要把他的这个决策变为全党实行的政策,还需要有一个过程,需要全党各级领导干部经过调查研究,在基本上取得一致的认识。在这个重要的时刻,毛泽东又把协助自己解决这个问题的重任交给田家英。一方面,要他为中央起草一个指示,把这个问题提到全党面前进行研究;

另一方面，派他下去专就这个问题进行调查。田家英选定山西长治地区的两个村，作为调查地点。经过调查，他认为毛泽东的意见完全正确，随即带着几位同志，为中央起草《中共中央关于改变农村人民公社基本核算单位问题的指示》草案。这个文件里，有针对性地批评了一些人在这个问题上采取不热心、不积极的态度；同时也反对了认为基本核算单位越小越好的意见，而主张大体相当于初级社的规模，就全国大多数地区来说，以二三十户为宜。毛泽东对这个文件看得很细心，画了很多杠杠。田家英高兴地拿给董边看，说："我自己认为写得好的地方，主席都画了杠杠。"毛泽东将文件提交给1962年1月至2月间召开的"七千人大会"讨论。

在讨论中间，一个重要意见，就是要规定生产队为基本核算单位四十年不变（我记得这是毛泽东提的，现在一时没有查到根据）。邓小平建议将四十年改为"至少20年内"，田家英将邓小平的意见报告毛泽东，请毛酌定。毛泽东将"至少20年内"改为"至少30年内"，并且批了一段话："以改为'至少30年'为宜。苏联现在四十五年了，农业还未过关，我们也可能需要几十年，才能过关。"[1] 从这个修改和批语中可以看到，此时毛泽东在农业问题上是比较冷静和谨慎的。从此以后，"30年不变"的提法，成了一个重要公式，经常出现在党中央的有关文件里。不管三十年，还是四十年，无非是表示：生产关系应当较长期地

---

[1]《建国以来毛泽东文稿》第10册，中央文献出版社1996年版，第48页。

稳定，不能频繁地变动了，这表达了人心思定的愿望。历史经验证明，有了稳定的条件，才有利于生产的发展。由于随意改变生产关系，两度大刮"共产风"，造成严重损失，这个痛苦教训毛泽东是记取了。1962年十中全会开过不久，他在视察工作时，曾向一位省委书记嘱咐说："万万不能再搞一平二调，不要把农民养的猪调上来，调一头也要受处分！"在"文化大革命"中不管怎么动乱，不管张春桥还有别的什么人怎么鼓吹穷过渡，毛泽东始终纹丝不动，以生产队为基本核算单位的体制始终没有改变。不过，从1963年的"四清"运动开始，直至"文化大革命"结束，在农村中大搞"割资本主义尾巴"，使得农民愈割愈穷，这就不是以生产队为基本核算单位所能解决的了。

1961年这一年，从浙江调查到为中央起草基本核算单位下放的指示，毛泽东与田家英之间的关系非常和谐，非常密切。田的出色工作得到毛的高度信任，毛的意见和决策受到田的热烈拥护。这种信任和拥护的关系，是建立在政策思想一致的基础上的，目的都是为了尽快度过农业以至整个国民经济的困难时期，发展生产，改善全国人民的生活。这是田家英作为毛泽东的秘书，发挥作用最大、工作最为顺利的一年。

十三、湖南调查和包产到户

"七千人大会"闭幕不久，毛泽东就离开北京到南方去了。临走前,他要田家英整理一下他在大会上的讲话。2月下旬,田带着整理稿和我一起到了杭州。毛对田整理的稿子不太满意,写了一个批条,语气很婉转,说还是他自己整理的那个稿子好。毛自己整理的稿子,是在录音记录稿上略做了一些文字修改,完全保持了原来的样子。后来,他又一遍一遍地修改、润色,并加写了几大段话。每改一遍,都送给田校阅,还要他帮助查阅了一些历史书籍。

这时,毛泽东仍关注着农业,不放松对农村情况的了解。2月25日,他把田家英叫去,要田再组织一个调查组,到湖南做调查,主要了解贯彻执行"六十条"的情况和问题。

毛泽东总是这样,对任何一个问题,不抓则已,一抓就抓住不放,一抓到底。"抓而不紧,等于不抓",这是他的名言,也是他的一个重要工作方法。农民问题,在毛泽东的思想中,始终占着特殊重要的地位,民主革命时期是这样,社会主义时期同样如此。他在1961年曾经这样说过:"中国有五亿农民,如果不团结他们,你有多少工业,鞍钢再大,也不行的,也会被推翻的。"[1]又说:"中国这个国家,离开农民你休想干出什么事情来。"[2]

毛泽东给田家英指定了四个调查地点:湘潭的韶山(毛的家乡)、湘乡的唐家圫(毛的外祖家)、宁乡的炭子冲(刘少奇

---

[1] 毛泽东在广州中央工作会议上的讲话,1961年3月23日。
[2] 毛泽东同各中共中央局负责人的谈话,1961年5月21日。

的家乡)、长沙的天华大队(刘1961年3—4月蹲点的地方)。他特别嘱咐田家英,要向刘少奇报告一下,问他有什么指示,他那里有什么人要参加调查。田家英回到北京向刘少奇做了汇报,刘除了表示同意外,还很关心调查组,说湖南3月份天气还很冷,可以向省委借些棉大衣给大家穿。

田家英组织了一个十七人的调查组,兵分三路,去韶山大队、大坪大队(即唐家圫)、炭子冲大队。天华大队没有去。

毛泽东对这次调查寄予厚望。有了前次成功的浙江调查,他相信田家英领导的这次调查同样会给他很大的帮助。他接见了调查组全体成员,时间是3月22日,地点在武昌东湖招待所。当时的湖北省委第一书记王任重参加了那次接见。那天下午,大家听说毛主席要接见,都很兴奋。毛泽东先是一个一个地问每个人的名字,接着讲了一些当时流传的政治笑话,谈笑风生。最后向调查组提了几点希望:第一,要同当地干部,省、地、县、社各级干部相结合。第二,不要乱指挥。第三,头脑里不要带东西(指思想框框)下去,只带一件东西,就是马克思主义。第四,要做历史的调查,这是马克思主义的历史唯物主义观点。第五,看到坏人坏事不要乱说,好的可以说。第六,参加点轻微的劳动。毛泽东当时亲切、温和而又轻松的谈话情景,至今还给我留下清晰的印象。

田家英把这次调查的重点放在如何恢复农业生产这个问题上。当时,陈云正在组织人力调查和深入研究这个问题。这也是全党各级组织都在研究的一个题目。田计划在这次调查的基础上为中央起草一个《恢复农村经济的十大政策》的文件。

3月底，调查组全部到达农村。田家英住在韶山，我住在韶山南岸生产队毛泽东旧居隔壁一家姓邹的社员家里。这里是毛泽东幼年读私塾的地方，一出门就是他童年时代游泳的那个池塘。再往远处看，是毛泽东父母的墓地，在一个林木茂密的小山丘上。韶山这个地方，"大跃进"时生产虽然遭到破坏，但山林却保护得比较好，还是那样郁郁葱葱，景色十分秀丽。到晚上，月朗风清，走在田野里和崎岖的山路上，别有一番景致。那位姓邹的社员的父亲，就是1925年用轿子抬着毛泽东从韶山脱险的农民之一，早已离世了。

这里自从实行"六十条"，取消了食堂、供给制，后来又把基本核算单位下放到生产队，社员的积极性明显提高，生产、生活都有了转机。但是我们一进村，却遇到一个没有料到的情况：社员普遍要求包产到户和分田到户，而且呼声很高，尤以韶山、大坪为甚。炭子冲好一些，据说这是因为刘少奇1961年回家乡调查时曾批评过包产到户。对这一情况，田家英没有精神准备，大家也都没有精神准备。农民列举事实，讲了包产到户的许多好处，同时历数公社化以来集体经济的缺点和困难，有时同调查组的同志辩论到深夜。

田家英是不赞成包产到户的。1961年3月广州会议期间，他将安徽（毛泽东所信任的曾希圣任省委第一书记）的一个关于包产到户的材料送给毛泽东,并写了一封信。他看到材料里讲到一些缺乏劳动力的社员特别是孤儿寡妇在生产和生活上遇到的困难,无法控制住自己的感情,含着眼泪写了那封信。信中有这样一段话:"寡妇们在无可奈何的情形下,只好互助求生。她们说:'如果实行包产到户,不带我们的话,要求给一条牛,一张犁,8个寡妇互助,爬也爬到田里去。'看到这些,令人鼻酸。工作是我们做坏的,在困难的时候,又要实行什么包产到户,把一些生活没有依靠的群众丢开不管,作为共产党人来说,我认为,良心上是问不过去的。"信中还说,为了总结经验,包产到户作为一种试验是可以的,但是不能普遍推广,"依靠集体经济克服困难,发展生产,是我们不能动摇的方向"。田在这封信里所表达的主张和流露出来的情感,同毛泽东是一致的和相通的。毛立即将这份材料连同田的信批给政治局常委和几位大区书记传阅。陶铸见到田家英说:"家英呀,我赞成你的意见。"陈云则对田家英的意见不以为然,说:"安徽搞包产到户,应当允许人家试验嘛!"

时隔一年,经过一段调查,田家英的思想起了变化。他认真听取和思考农民的意见,觉得很有道理。调查组内也有人主张实行包产到户,田便组织全体同志进行讨论,鼓励大家畅所欲言,充分发表意见。双方争论非常热烈,但都是心平气和地讲道理,没有任何"棍子""帽子"之类的东西。田认真地冷静地听取双方阐述的理由。当时不赞成包产到户的意见占着上风，但是他仍鼓励少数几位主张包产到户的同志继续进行研究。

田家英心里很矛盾。他认为，从实际情况看，搞包产到户或分田到户明显地对恢复生产有利。另一方面，他又觉得，事关重大，在这个问题上不能轻举妄动，特别在韶山这个特殊地方，以他这样的身份（人们都知道他是毛主席的秘书，是毛主席派来做调查的），更应谨慎从事。这里一动，势必影响全省，会给省里的工作造成困难（实际上，早在1961年3月，湖南的有些农村已经实行暗分明不分，不过还没有波及长沙、湘潭这样的重要地方）。他在私下多次对我说，在手工劳动的条件下，为了克服当时的严重困难，包产到户和分田到户这种家庭经济还是有它的优越性，集体经济现在"难以维持"。可见他已经萌生用包产到户和分田到户渡过难关的思想。但在公开场合，在农民和干部面前，对包产到户的要求他丝毫也不松口。

田家英就是带着这种矛盾的心情，同我一起到上海向毛泽东汇报的。当时，陈云也在上海，我们将三个点的调查报告同时送给他们两人。得到的反应迥然不同。陈云读后很称赞，说"观点鲜明"。在这之前，田已将炭子冲大队的调查报告寄给了刘少奇，刘认真地看了，认为很好。毛泽东却很冷漠，大概没有看，只听了田的口头汇报。毛对田说："我们是要走群众路线的，但有的时候，也不能完全听群众的，比如要搞包产到户就不能听。"这是毛泽东对包产到户问题的又一次明确表态。后来的实践表明，包产到户即家庭联产承包责任制，仍然保存了集体所有制的部分优点，在这个基础上仍然可以实行双层经营、双向承包、以工补农直至在条件具备时发展为规模经营，与分田到户不同，是适应我国大部分农村的生产情况的。

在上海期间，杨尚昆从北京打电话给田家英："总理要我问你一下，可不可以把农村的私有部分放宽一些？"田家英当即表示同意。

我们从上海回到韶山，调查工作已接近尾声。田没有传达毛泽东的意见。此时，包产到户在全国呈现迅速发展之势，推行包产到户的呼声日益高涨，成了党内议论的重要话题。为了进一步弄清这个问题，田家英派出两位同志立即赶往安徽无为县，了解实行包产到户的情况。他们调查的结论大致是：包产到户对于解救已经遭到破坏的集体经济的危机，迅速恢复农业生产，肯定是有利的和必要的；但是，将来要进一步发展农业经济，就可能要受到限制。

我们回到北京已经是6月下旬。在北京听到的关于包产到户的声音，跟我们在下面听到的几乎一样，不过这些言论更带理论性和系统性。

回到北京后，当时毛泽东不在北京，田家英立即向刘少奇汇报。汇报刚开了个头，就被刘打断了。刘说："现在情况已经明了了。"接着就提出关于实行分田到户的主张，并且详细讲了对当时形势的看法。田问："少奇同志这些意见可不可以报告主席？"刘说："可以。"刘少奇又吩咐田家英把他的意见在"秀才"中间酝酿一下,听听反应。他为慎重起见,并且希望能够真正听到"秀才"们的真实意见,嘱咐田不要说是他的意见。接着,田又向邓小平报告关于起草《恢复农村经济的十大政策》的设想。邓的话不多,很干脆:"赞成。"田家英立即组织起草班子。他的指导思想就是:当前在全国农村应当实行多种多样的所有制形式,包括集体、半集体、包产到户、分田单干,以便迅速恢复和发展农业生产。与此同时,田家英还向其他几位中央领导人陈述了自己的观点和主张,得到一致赞同。

看来,事情进行得很顺利。但是,中央究竟是否确定推行包产到户,还要通过关键的一个关口,那就是毛泽东的同意。田家英似乎觉得比较有把握,因为中央常委的几位同志几乎都支持搞包产到户,至少是不反对;但是心里又有些嘀咕,不知道毛现在的态度究竟怎样。他知道提这样的建议是要担风险的,但他不顾个人得失,终于下决心,以秘书的身份向毛泽东进言。这时,毛正在河北邯郸视察工作,田家英打长途电话要求面陈意见。那边传来电话说:"主席说不要着急嘛!"从这句话里,我们已经微微感觉出毛的不耐烦的心情了。

7月6日,毛泽东回到北京,田家英被召见,地点在中南海游泳池。田家英系统地陈述了自己的意见和主张。大意是:现在全国各地已经实行包产到户和分田到户的农民,约占百分之三十,而且还在继续发展。与其让农民自发地搞,不如有领导地搞。将来实行的结果,包产到户和分田单干的可能达到百分之四十,另外百分之六十是集体的和半集体的。现在搞包产到户和分田单干,是临时性的措施,是权宜之计,等到生产恢复了,再把他们重新引导到集体经济。

毛泽东静静地听着,一言不发。这种情况,同刘少奇性急地打断田家英的汇报,滔滔不绝、毫无保留地讲出自己的意见,完全不同。最后,毛突然向田提出一个问题:你的主张是以集体经济为主,还是以个体经济为主?一下子把他问住了。对于这突如其来的提问,田毫无准备。毛接着又问:"是你个人的意见,还是有其他人的意见?"田答:"是我个人的意见。"当时,毛没有表示意见。没有表态,这就是一种态度,不过没有说出来而已。

田家英从游泳池回来,情绪不大好。他说:"主席真厉害。"意思是说,毛主席把问题提得很尖锐,使他当场不知如何回答是好。毛泽东善于抓住对方谈话的要害,出其不意地提出问题,迫使对方无法含糊其词,无法回避问题的实质,非把自己的观点确定而鲜明地摆出来不可。

7月8日,毛泽东召集刘少奇、周恩来、邓小平、陈伯达、田家英等人开会。毛终于说话了,批评田家英回到北京不修改"六十条",却搞什么包产到户、分田单干(大意是这样)。会上,毛指定陈伯达为中央起草关于巩固集体经济、进一步发展农业生产的决定。

毛泽东对人民公社"六十条"好像有些偏爱。他多次说:

人还是那些人，地还是那些地，有了"六十条"，农村形势就大不一样。在他看来，有了"六十条"，再加上基本核算单位下放这一条，农村的问题，就调整生产关系方面来说，已基本上解决。以生产队为基本核算单位，是毛调整农村政策的最后界限，如再进一步调整，搞包产到户什么的，就认为是走资本主义道路。

不久，8月上旬，毛泽东在北戴河召开中央工作会议，提出阶级问题、形势问题、矛盾问题等，这是大家都知道的。

批评包产到户，是北戴河会议的主要内容之一，它是"重提阶级斗争"的直接导火索。毛泽东把这个问题提到是无产阶级专政还是资产阶级专政，是走社会主义道路还是走资本主义道路这样的政治高度。他认为，实行包产到户，不要一年，就可以看出阶级分化很厉害。他描绘了一幅阶级分化的景象：一方面"其中有共产党的支部书记，贪污多占、讨小老婆、放高利贷、买地；另一方面是贫苦农民破产，其中有四属（军、工、烈、干属）户、五保户，这恰恰是我们的社会基础，是我们的依靠"。[1]

毛泽东还是坚持他在农业合作化时期形成的思想：在中国农村，两条道路的矛盾主要表现在富裕农民与贫农之间的矛盾。他说：富裕农民是两方面都要争取的，无产阶级要争取他，资产阶级也要争取他。这个争夺可能要几十年、一百年，要贯穿整个历史时期。

---

[1]《毛泽东年谱（1949—1976）》第5卷，中央文献出版社2013年版，第130页。

无产阶级靠什么争取富裕农民呢？毛泽东认为就是搞按劳分配。他说："我们要代表贫下中农，也代表一部分富裕农民，所以要搞按劳分配，平均分配的不能太多。"[1]又说："完全不要一点平均主义，比方说，不要基本口粮，不要照顾，光搞按劳分配，光争取富裕阶层，可是把农村的五保户、困难户、军工烈属户这百分之二十至三十的人丢开不管，也是不行的。这些人在农村中是我们的依靠。"[2]

搞一点平均主义——这是为了贫苦农民；搞一定的按劳分配——这是为了争取和团结富裕农民。在这里，毛以为实行按劳分配主要是为了争取和团结一部分富裕农民而不是团结全体农民，这个观点显然是片面的、不正确的，这相当地反映了他的平均主义观点。他一方面反对平均主义，主张实行按劳分配，以便调动更多人的生产积极性；另一方面他又不彻底反对平均主义，不彻底实行按劳分配，怕发生"阶级分化"，同时也为了保证贫苦阶层的基本生活需要。他在晚年，总想寻找一个既能调动群众生产积极性，以利于发展生产，同时又能防止阶级分化，保证社会公平的结合点。不能说毛泽东不重视发展生产。改变中国的贫穷落后面貌，把中国建设成为一个工业化的具有高度现代化的社会主义强国，是他提出并努力为之奋斗的。但

---

[1]《毛泽东年谱（1949—1976）》第5卷，中央文献出版社2013年版，第130页。
[2] 毛泽东在北戴河同出席中共中央工作会议的华东地区、中南地区负责人的谈话，1962年8月5日。

是，如果把发展生产和防止两极分化、实现社会公平比作天平上的两端，那么，他的砝码总是更多地加在后一方面。

毛泽东在接着召开的八届十中全会上提出阶级斗争要"年年讲，月月讲"[1]。但是，鉴于庐山会议以后的教训，这一次特别嘱咐大家："决不可以因为阶级斗争妨碍我们的工作。""要把工作放到第一，阶级斗争跟它平行，不要放在很严重的地位，不要让阶级斗争干扰了我们的工作。"刘少奇和其他一些中央领导人也都强调了这一点。这样，国民经济的调整和恢复工作才得以不太受干扰地继续进行。

田家英是带着压抑的心情参加北戴河会议的。经过第一次庐山会议那场惊心动魄的党内斗争的田家英，这时心情自然是紧张的，不知将会发生什么。然而，情况还好，没有他想象得那样严重，毛泽东只在小范围里头指名批评过他两次。有一次批评得比较重，刘少奇出来说了几句话，大意是在党内有什么意见都可以提，缓冲了一下。在第一次庐山会议期间，也有过类似的情况，有人在会上乱揭田家英，被刘断然制止。所以，

---

[1] 毛泽东在中共八届十中全会提出阶级斗争要"年年讲，月月讲"，其原话是："我们可以从现在就讲起，年年讲，月月讲，开一次党大会就讲，开一次全会就讲，使得我们比较有一条清醒的马克思主义的路线。""文化大革命"期间，《红旗》杂志1967年第10期发表的题为《无产阶级专政下进行革命的理论武器——纪念〈关于正确处理人民内部矛盾的问题〉发表十周年》的社论，引用毛泽东这句话时，修改为："我们从现在起，必须年年讲，月月讲，天天讲，使我们对这个问题，有比较清醒的认识，有一条马克思列宁主义的路线。"这篇社论，6月17日送毛泽东审阅，6月20日由《人民日报》全文发表，7月8日，毛泽东将社论稿退回王力，并批示："不看了。"从这篇社论起，"年年讲，月月讲"就变成"年年讲，月月讲，天天讲"了。

田对刘始终怀着尊重和感激的心情。当然，他对刘的尊重绝不仅仅因为这两件事。

出乎田家英意料的是，在十中全会最后一天的全体大会上，几位中央领导人对"单干风"的批评，以毛泽东的调子最为温和，别人反而比他严厉些。根据我当时的了解和观察，以及最近重新看了会议记录，我认为，参加会议的从中央到省市的主要负责人，都信服毛泽东在十中全会上提出的意见和理论，为他的理论所掌握；一些中央领导人在大会上的讲话是真诚的。这里也反映出毛泽东的一种工作作风或领导艺术。当他要纠正一种他认为是错误的倾向时，一般说来，开始往往是大喝一声，"猛击一掌"，使人警醒，出一身冷汗，而等到问题已大体解决，正确与错误之间的胜负已见分晓，他就往往更多地讲团结，强调注意政策。这里面也包含他常说的"一张一弛"的道理。

田家英向毛泽东提包产到户的建议，不论从内容上还是从组织原则上来说，都是无可非议的。但是这个合理的建议，不但没有被采纳，反而又一次造成他们之间的政治裂痕，而且是一次更大的裂痕。从此，田家英逐渐失去了毛泽东的信任。

经常接触毛泽东的人都知道，毛是一个很重感情的人，凡是对他有过帮助的，他总是不会忘记，总要在行动上表示感谢的。但是，谁如果在重大政治问题上，即他认为是路线问题上，同他发生了分歧，要想照旧得到他的信任，那是很困难的，他也是不会忘记的。

从八届十中全会起，毛泽东对国内阶级斗争形势的估计越来越严重，他的"左"倾思想日益发展，最后终于导致"文化大革命"的发生。他对农村人民公社体制的调整也告一段落，他认为农村生产关系方面的问题已基本解决，而应把重点放在工业支援农业方面，特别是放在抓阶级斗争方面。随即在全国范围内开展了农村社会主义教育运动（简称"四清"运动）。

田家英自从失去了毛泽东的信任，思想很苦闷，常说，"士为知己者死"，现在不被理解，想离开中南海。他准备下去当县委书记，做些调查，研究一下社会主义究竟怎么搞，也好真正为老百姓实实在在地做点工作。他同夫人董边商量过，得到她的支持。董边说："只要允许你离开，我同意你去，你做县委书记，我去当县妇联主任。"田问我愿不愿意同他一道下去，我表示同意。我觉得自己长期待在中央机关，应当下去做些实际工作，接受些实际锻炼。田也曾想过搞研究工作——研究清史，并向毛泽东提出了这个要求，也是表示要离开中南海。毛说："噢，你也是搞本本主义！"对他的要求未予置理。毛对田虽然已不那么信任，但工作上还需要他，所以一直留在身边，不愿放走。

十四、"双十条"

十中全会以后，在全国农村陆续开展社会主义教育。1963

年2月,毛泽东召开中央工作会议,议题之一就是讨论农村社会主义教育问题。这次会议提出,要求在农村中搞"四清",组织贫下中农队伍,在城市中搞"五反",以及在党内反对修正主义等问题。

1963年5月,毛泽东在杭州召集有部分政治局委员和大区书记参加的小型会议,中心议题是农村社教问题。他亲自主持起草了《关于目前农村工作中若干问题的决定(草案)》,即"前十条"。这是一个贯彻"以阶级斗争为纲"精神、指导农村社教的纲领性文件。

二月会议和五月会议,田家英都没有被通知参加,当然不可能参与"前十条"的起草。这同两年前参加广州会议,起草"六十条"那么受信任和重用的情况相比,是不可同日而语了。

田家英对于把阶级和阶级斗争问题提到严重的地步,一直持保留态度。记得1961年浙江调查时,有人说生产斗争中也有阶级斗争,他就不同意这个观点。搞"六十条",有人主张写贫农团,他也不赞成。当时他曾要我专门做一个中农问题的调查,我开始还不很理解这个问题的意义,实际上这恰恰是被人们忽略了的一个重要问题。田是从发展生产这个角度,提出并提请中央注意这个问题。毛泽东在1963年5月会议上,曾带着批评的口吻说过:"1961年搞'六十条',对阶级队伍问题写得不突出,没有好好注意依靠谁的问题。"当然,"六十条"不写组织阶级队伍,这不是田家英所能决定的,但也不能说同他没有关系。我发觉，在对待社会主义时期的阶级和阶级斗争的问题上，在1961年或者更早一点的时候，田同毛之间实际上就存在着比较明显的差异。不能说田家英否认社会主义时期还有阶级斗争，而是说他不把阶级斗争看得那么严重，用他自己的话说，"不能把什么都说成是阶级斗争"。在"前十条"中有这样一段话："依靠贫农、下中农，是党要长期实行的阶级路线。在整个社会主义历史阶段，一直到进入共产主义以前，我们要在农村中进行社会主义改造和社会主义建设，要发展农业生产，不依靠他们，依靠谁呢？"田对这段话不以为然，说这段话不通，难道阶级成分也能遗传吗？谁知他的意见很快传到一些持"左"倾观点的人的耳朵里，被当作一个错误观点批评了。

"前十条"下发以后，各地即按照文件的精神开展社教试点工作。在试点中，普遍发生打击面过宽、混淆政策界限等"左"的偏向，各地都有材料反映。有鉴于此，在1963年9月中央工作会议期间，由邓小平、谭震林主持起草《关于农村社会主义教育运动中一些具体政策的规定（草案）》，即"后十条"。田家英是主要起草者之一，我作为他的助手参加了文件的起草。今天来看这个文件（草案）不能说没有问题，因为社教本身就是"以阶级斗争为纲"的产物，它在一些基本内容上又不能不同"前十条"相衔接。但是，起草这个文件的目的，是着眼于防"左"和反"左"，规定了一系列的政策界限，力求缩小打击面，减轻对经济生活的消极影响。在中央工作会议最后一次大会上，邓小平向全体与会者宣布：这个文件大体上比较好。

"后十条"（草案）出来以后，就听到党内有些人，包括某些地方上相当负责的人的议论，说是右了。这对田家英无疑形成一种压力。正在这时，从武汉传来了毛泽东亲自为中共中央起草的关于要在全国宣讲两个"十条"（即"双十条"）的指示。当我们听到这个消息时，心里真是一块石头落了地，"后十条"（草案）得到毛主席的认可了！这是10月下旬的事。"后十条"（草案）于11月14日经政治局会议讨论通过发出。

"后十条"（草案）的下发，并没有也不可能阻挡社教运动的继续"左"倾，反而受到党内新的更加尖锐的责难，例如说："'后十条'是反对'前十条'的。"1964年8月，刘少奇要田家英同他一道到南方去修改"后十条"（草案）。田感到非常为难，因为他不太赞成刘对农村形势和基层干部的过"左"估计以及对"四清"运动的一些"左"的做法，但是他又很尊重刘少奇，也不能不服从组织，最后勉为其难地参加了文件的修改工作。

离北京南下的前一天，田家英报告了毛泽东，问他对修改文件有什么指示。毛讲了两点：第一，不要把基层干部看得漆黑一团；第二，不要把大量工作队员集中在一个点上。第二天清早，我们随刘少奇登上专机，经武汉一站，然后到广州。在飞机上，田家英将毛泽东的两点意见转告了刘少奇。

到了广州，开始修改文件。刘少奇亲自主持修改，并且加写了一些十分尖锐的内容和语言。这次修改文件，田感到很难，因为要他按照自己没有想通的意见去修改，自然十分吃力，很不顺手，难以落笔。

修改以后的"后十条"，叫"修正草案"，即第二个"后十条"，于1964年9月18日由中共中央发出。第二个"后十条"对形势的估计更加严重，认为这次运动，"是一次比土地改革运动更为广泛、更为复杂、更为深刻的大规模的群众运动"；改变了原来依靠基层组织和基层干部开展运动的规定，强调把放手发动群众放在第一位，并规定整个运动都由工作队领导，造成了对基层干部打击过宽、打击过重，以致发生混淆敌我界限的"左"的错误。

"前十条"——这个指导社教运动的纲领性文件，毛泽东未让田家英参与其事；"后十条"（草案）——这个带有一定反"左"防"左"意义的文件，田家英主动地承担了主要起草者的责任；"后十条"（修正草案）——这个有严重"左"倾错误的文件，田家英是在无可奈何的情况下参加修订并在思想上有保留的。从这三个文件的形成过程中，可以看出田对社会主义教育运动中的"左"的做法，是不赞成的。

毛泽东出于对"后十条"（修正草案）的不满（这种不满当时在党内已经广泛存在），从1964年12月15日至28日召集中央工作会议。会议通过了《农村社会主义教育运动中目前提出的一些问题》，简称"二十三条"，意在纠正前者的错误。"二十三条"的下发，一时对缓和农村紧张空气，稳定广大基层干部起了一定作用。但是，它不仅仍然错误地估计了国内社会政治形势，并且提出了这次运动的重点是整"党内那些走资本主义道路的当权派"的错误纲领。这个错误形成了"文化大革命"的"理论根据"。这是后话。

十五、社会主义究竟怎么搞？

自从"大跃进"受挫以后，党内不少同志都在思考一个问题：社会主义究竟怎么搞？在这以前，在党的干部中，这个问题似乎不成问题，一般说来，都相信党中央、毛泽东指示的道路是正确的。但是，1958年冬以后，特别是1959年夏庐山会议以后，越来越多的人开始怀疑了、困惑了，不少人在思索这个问题。田家英就是其中的一个。当时，有的人曾提出，应当好好地研究空想社会主义者的著作，研究马恩列斯的著作，看看他们究竟是怎么说的，而田则是更多地从实际中去寻找答案。

田家英的一个基本思想是：社会主义制度不能改变，但建设社会主义的方法可以有多种多样。他认为，中国建设社会主义的方法问题还没有解决。那个时候，他不可能提出什么"苏联模式""中国模式"这类高层次的概念，他大半是从具体问题的角度，从对农村基层的调查中提出问题，还没有形成一套系统的想法。尽管如此，他提出和思考的一些问题，在今天看来还是有意义的。下面摘录的话，都是他1961年在调查期间说的，是从我的笔记本里摘出来的。

例如，关于人民要富足[1]。他说："这几年把社员的家庭副业搞光了。一个国家的富足，首先要看老百姓富不富。我们是共产主义者，就是要讲富足。我们的目的就是要使老百姓富足。在这个问题上，一些同志存在模糊观念。老百姓富了，国家才能富裕。我们不仅要国家富足，省、县、公社都要有储备，也要使老百姓有储备。我们要把公社、生产队的生产搞好，还要把社员的生产搞好。使老百姓富足，是我们的责任，社员家庭副业发展起来了，可以使老百姓富裕，这不可怕。"这段话，是田家英在讲解"六十条"时，针对1958年以后取消家庭副业的"左"的错误而说的。他着重地强调了一个侧面，在表述上并不很完善，但他强调搞共产主义就是要使人民达到富裕，这是对"穷社会主义"思想的否定。

又例如，关于商业要搞活。他说："研究商业问题的着眼点是什么？现在的商业，总的感觉是太死。所谓'死'就是：'统死'、'管死'（组织上的合并）、'封死'（地区与地区、县与县、公社与公社之间互相封锁）。商业没有兴隆景象。""买

---

[1] 人民的富足和国家的富足不应当对立起来。片面强调"富民政策"导致社会财富的不合理、不公正的分散，导致国民收入的超经济分配和经济发展的失控失调，是错误的；任意实行"高积累"，忽视人民生活水平的提高，导致工人、农民、知识分子陷于贫困状态（甚至被美其名曰"贫穷的社会主义"），而积累率既属过高，本身就不合理，就已经是经济失调，并必然引起其他经济关系的失调，这也是错误的或更加错误的。两者追求的方向不同，但在急于求成这一点上并无二致。当时后一种错误在党内处于统治地位。

东西没有挑选,甚至是派销,这是不正常的买卖关系。问题是要不要商品生产存在。要有商品存在,就要有正常的买卖关系。除了国营商店、供销社而外,是否可以成立合作商店和合作小组,可以多开点店子。""商业乱,这是几大改造引起的。有些人应当各回本行。"田家英历来主张:商业要搞活,市场要繁荣。他对三大改造的缺点,曾用两个字来概括,一是"急",二是"齐"。急,就是步子过快;齐,就是经济形式搞得过于整齐划一。

又例如,关于反对单纯用行政的办法领导经济。他说:"有些方法,即使对全民所有制也不能采用,确切地说,这就是用政治的办法,即行政命令的办法领导经济。要把政治和经济的界限分清楚。"又说:"要用领导集体经济的方法领导人民公社的工作。县以上的有些领导者,不真正懂得人民公社是集体经济,自负盈亏。有些干部,对待公社,指挥生产时像对自己家里的事一样,爱怎样就怎样;但要他负责的时候,他又不像对自己家的事那样,人家减了产,没有饭吃,他却不负任何责任。这不是尊重集体经济,不是正确对待集体经济的方法。"

又例如,关于党政关系问题。他说:"党委对人委(按:指县人委即县人民政府)是领导而不是包办。不能说党委对人委使用没有使用的问题,而是党委要尊重人委。人委不是简单地执行,党委要通过党员同他们商量解决问题。党委要领导它,同时又要尊重它。"又说:"对于党委权大,有两种看法,一是说党委本身的权大了，一是说侵占了行政的权力。我的看法是后者而不是前者。""现在党委实行领导的情况是：大权独揽，小权不散；忙忙乱乱，包而难办；办也有决，照搬照说；管理检查，很难负责。"有鉴于此，田家英提出："党政系统是否分开？县长找社长，县委找公社党委。县委和人委各管什么，要研究清楚。"他认为，如何处理党政关系，"看来，无产阶级专政的国家都要碰到这个问题"。与此同时，田家英还提出，"行政与企业应当分开，避免官办"。

又例如，关于发扬党内民主。他说："要开展党内民主，提倡打开脑筋，切实保障党员的民主权利。提倡平等地自由地讨论问题。几年来，我们党内不是这个情况，这是造成工作损失的一个原因。树立对立面不是坏事情。真理往往在少数人手里。但是现在是把对立面当成斗争的对象。""各级党委都要认真地实行民主集中制。党委会议必须真正成为集体决定问题的机关。决定问题，要真正做到少数服从多数。"

田家英上述言论，只能反映他一个时期在这一方面的一部分思想。其中有的已经触及经济体制和政治体制的问题，这在当时是值得注意的。

十六、杭州谈话

1965年11月下旬，毛泽东召集陈伯达、胡绳、田家英、艾思奇、关锋到杭州，研究为几部马克思主义经典著作写序言的事。毛泽东提出，序言一定要结合中国革命的实际经验去写。

我们到杭州不久，毛泽东即去上海主持召开中共中央政治局常委扩大会议。胡、田、艾等留在浙江。田家英和我乘此机会，又一次去1961年调查过的嘉兴等地。旧地重访，一种难以抑制的激情充满心田。今日的杭嘉湖农村，呈现一片欣欣向荣的景象，同1961年那衰败破落的情景，形成鲜明对比。农民家里，稻谷满仓，鸡鸭成群，全嘉兴地区已有百分之九十以上的农田实行电力排灌，看了实在令人高兴。从1962年起，全国粮食生产以每年增产两百亿斤的速度恢复和发展，其他几种重要经济作物生产也都已恢复并有所发展。工业战线的形势同样很好。这是贯彻实行"六十条"和"调整、巩固、充实、提高"八字方针的成果。谁能不为这种喜人的经济形势感到鼓舞呢？中国大有希望！然而，就在这时，一场大动乱正在酝酿着。江青、张春桥、姚文元之流，已经行动起来。上海《文汇报》发表姚文元《评新编历史剧〈海瑞罢官〉》一文，接着，《红旗》发表戚本禹《为革命而研究历史》的文章，报刊上连篇累牍地发表批判文章。毛泽东12月21日从上海回到杭州后的谈话，就是在这个大背景下进行的。

这次谈话，毛泽东没有谈多少写序言的事，却讲了一大篇哲学问题，而最引人注意的是关于姚文元、戚本禹等人的文章所说的话。其中说："《海瑞罢官》的要害是罢官。嘉靖皇帝罢了海瑞的官。彭德怀是海瑞,我们罢了彭德怀的官。"毛泽东这句定调子的话,毫无根据地把历史学家吴晗的剧作《海瑞罢官》同彭德怀的问题联系起来,成了一个尖锐的政治问题。在整理毛泽东这个讲话时,田家英提出,不要把这段话写进去,因为它不符合事实,《海瑞罢官》与彭德怀问题没有关系。这个意见首先得到胡绳的支持,艾思奇也表示同意,唯有关锋不表态。回到北京,关锋纠缠不休,非要把那段话写进去不可,经过一番周折,最后只好恢复。后来,关锋把这件事告了密,田家英被加上了一条罪状。这时"文化大革命"就要开始了。

十七、两个危险的敌人——陈伯达和江青

田家英与陈伯达是在延安认识的。当时有一个中央政治研究室,毛泽东兼主任,陈伯达是副主任,田家英为该室经济组后为政治组的研究员。陈写了几本书,田曾帮助他搜集了很多材料。当时延安的条件很差,搜集资料的工作十分困难。书写出来以后,陈在扬扬得意的时候,却问田家英:"你做了什么工作?"这件事使田很寒心,对陈的为人也有所认识。

全国解放后,因工作关系,田家英与陈伯达接触很多,因而比别人更了解他。陈有一副伪善的面孔,装得诚实、谦虚,其实作风霸道,心地褊狭,爱贪别人之功,又善于透过于人,内心深处藏着野心。田家英早就看出陈伯达的这些品质,说他

是伪君子、小人、野心家。陈伯达写的东西，别人提不得不同意见。谁在毛泽东那里做出工作成绩，受到赞扬，他都不能容忍。田家英因长期受毛泽东重用，成了陈的一块心病。1955年，根据毛的提议，重新成立中央政治研究室，陈为主任，胡绳、田家英为副主任。陈对研究室的工作不闻不问，研究室的工作全靠胡、田主持。1962年以后，毛泽东对田逐渐疏远，陈伯达乘机向毛泽东告状，说田家英"独断"、"大权在握"，他陈伯达对研究室不能管，管不了，等等。这纯属诬陷。当年在研究室主持工作的胡绳和许多在研究室工作的同志都可以证明，完全不是这么一回事。可惜，毛泽东听信了陈的谗言，并且在一次中央的会议上这样说了，田受了不白之冤。不过，背后告状一类的小动作，终究摆不到桌面上来，田当面或者在电话中质问陈，陈张口结舌，支支吾吾，好久说不出话来。田家英秉性耿直，是一个不吃暗亏的人。当年许多人怕陈伯达，田却不怕他。陈因为理亏，对田无可奈何。由于长期积怨，他对田怀恨在心，必欲除之而后快。"文革"伊始，机会已到，陈伯达首先发难，急急忙忙于5月9日（请注意：这是"5·16通知"发出的前7天，田家英被宣布停职反省的前13天），跑到马列主义研究院（中央政治研究室的后身）去点火，鼓动揭发田家英。一次不够，又去第二次，给田家英戴上了"反革命修正主义分子"的政治帽子。当时任研究院秘书长的柴沫（在延安时曾为毛泽东管理过图书），因与田关系较好，也被株连，受到陈点名批判，说他走田家英的门子，在研究院搞"秘书长专政"，等等。柴沫在"文革"中被迫害致死。

田家英另一个危险的敌人是江青。江青以其特殊身份而自恃，颐指气使，不可一世。生活养尊处优，为人心狠手辣。她的历史，田早有所知，她的种种现实表现，田更是看不下去。田家英不趋炎附势，更不掩饰自己的感情和态度，他对江青的憎恶和鄙视，不会不被她察觉。在江青的眼里，田家英是一个难以折服的因而是不能相容的人。她一有机会就对他落井下石。1962年田家英因主张包产到户而受到批评，江青第一个（在当时也是唯一的一个）给田家英戴上"资产阶级分子"的政治帽子。1966年春，关锋告密，就是在江青的策划下，采取诡秘的方式进行的。

1966年5月，大动乱开始了，面对陈伯达、江青这两个掌握"文革"大权、受到毛泽东重用、长期藏在共产党内的野心家、阴谋家的威胁，在被宣布"停职反省"的巨大冲击下，田家英选择了他的同志和朋友不希望他选择的道路。他当时的心态，表达在头天晚上对夫人董边讲的几句话里："我是江青、陈伯达诬害的。常言道，善有善报，恶有恶报，我不相信这些恶人会有好下场。"在他留下的遗言中，最后的两句话是："相信党会把问题搞清楚，相信不会冤沉海底！"时隔不到十五年，陈伯达、江青一伙，终于得到他们应得的"恶报"，被押上中华人民共和国最高人民法院特别法庭；陈、江于1981年1月25日，分别判处有期徒刑十八年和死刑缓期两年执行。

十八、结尾的话

田家英离开我们已经二十三年，毛泽东谢世也快十三年了。田家英担任毛泽东秘书的十八年中间，在大部分时间里，他们的关系是融洽的、亲密的、没有隔膜的。后来，由于政策主张上的分歧，渐渐疏远了，产生了较深的隔阂。毛泽东、田家英之间关系的变化，也可以从一个小小的侧面看出建国后十七年我国所走过的曲折道路。

田家英当毛泽东的秘书，在这个重要岗位上，他从来不以此自恃，从来不乱吹，从来不摆架子。人们尊重他，主要是佩服他有才学、有见解，平易近人。田家英在党中央机关工作，在毛泽东身边工作，处事十分谨慎，严格遵守纪律。工作兢兢业业，忠于职守，一丝不苟。他决不轻率地、不负责任地向毛泽东提建议。他特别注意维护党中央核心领导的团结。作为毛泽东亲近的秘书，他从来不在毛面前对任何一位中央领导人说三道四；相反，以自己的实际行动自觉地维护着这个团结。例如，1963年他为包产到户问题向毛所写的检查报告中，没有涉及任何一位中央领导人，而把责任全部揽在自己身上。田家英以大局为重，维护党的团结，以及他的刚正不阿的品质，给我以及熟悉他的所有同志留下的印象，是永远不可磨灭的。

另一方面，毛泽东对田家英，尽管在工作上器重他，在生活上关心他，但是并没有利用个人的权力给他以高的职位。1961年，提议任命田家英为中央办公厅副主任一职的，是邓小平和杨尚昆。

田家英同任何人一样，也有他的弱点和缺点。在顺利的时候，容易骄傲；在逆境之中，又往往表现消沉、颓丧。性格比较脆弱，经不起挫折，缺乏应有的韧性。瑕不掩瑜，田家英尽管有这些弱点和缺点，他终究是一位难得的优秀的共产主义战士。

田家英长期接受毛泽东思想的熏陶和教育，长期在毛泽东身边工作，对毛泽东怀有深厚的感情。但他后来对毛的"左"的思想和政策愈来愈感到格格不入，而毛对他也愈来愈疏远，因而形成他的十分矛盾的心理状态。这从他1963年以后常常对我说的一句话中可以表现出来。他说："我对主席有知遇之感，但是照这样搞下去，总有一天要分手。"

田家英对毛泽东晚年的一些"左"的思想和政策表示异议，自己又提出一些比较符合实际情况的建议，这并不表明田比别人特别高明，因为他的那些比较正确的观点和意见，也是当时党内坚持实事求是原则的同志共同的观点和意见。所不同的，只是别人不在毛泽东身边工作罢了。

毛泽东晚年的错误，也反映在他同田家英的关系上。田勤勤恳恳地为他工作了十几年，因为提了不同意见而引起他的猜忌，并被牵连到当时整个的党内斗争问题，从而对田表示冷落以至完全不信任。我认为这是不公正的。田家英常常对我讲的那句话不幸而言中,他最后终于在极其特殊而复杂的情况下——党内的坏人掌握了党的部分最高权力并利用了毛泽东的错误,被迫同毛泽东"分手"了。这也是一个历史的悲剧。

在"文化大革命"后期,毛泽东曾对人说:"田家英要是不自杀,也没有什么。"不知道毛泽东说这句话的时候是一种什么样的心情,是追悔?是对田家英的想念?是对田家英的重新评价?……

毛泽东晚年虽然犯了错误,包括发动"文化大革命"那样严重的错误,但是就他的一生来说,他仍然是一位伟大的马克思主义者,伟大的革命家、政治家。他在中国革命历史上所起的作用是无可代替的,他在中国人民的心目中始终保持着崇高的威望。毛泽东思想无疑是马克思列宁主义理论与中国革命实践相结合的产物,是我们党长期坚持的指导思想。毛晚年犯了严重的错误,正是表明他自己背离了毛泽东思想的科学民主原理而转入空想和专断。田家英所以能在工作中做出一些成绩,固然得力于个人的非同一般的努力,而从根本上说,仍然是他忠实于毛泽东思想,正确地执行了毛泽东的教导和指示的结果。

校读后记

胡乔木

逢先知同志写的《毛泽东和他的秘书田家英》，我读过两遍，认为有重要的历史价值，写得也很好，值得向读者推荐。这里所记载的史料，主要是从1948年到1966年期间毛泽东和他的秘书田家英之间的工作关系，既表现了后者如何在前者的指导之下热情地、辛勤地工作，并在政治上迅速地成长，也表现了前者如何对后者的工作严格地要求，亲切地关注和真诚地信任，而在1959年特别是1962年又如何由信任变为不信任。从这里我们可以看出，在他们工作关系密切的时候，他们是怎样重视和努力对社会基层情况尤其是农村情况掌握第一手资料，不辞艰苦，不避争论，以及他们怎样对人民疾苦全神贯注，以至于常常寝食不安，至今仍然令人神往。我们也可以看出，他们两人关系的恶化，没有任何私人的原因，完全是一幕政治（就这个词的高尚意义说）的悲剧。因此，这里的记载对于了解由40年代到60年代的毛泽东的思想变化，进而了解这一期间的中国共产党和中国的历史命运，尽管限于一个侧面，其重要性和珍贵性自不待言。至于写得也很好，一是因为内容很真实，主要情节都有书面依据，而不是只凭记忆或印象；二是因为作者对所写的事实作了认真的选择，叙事论事抒情都限于他所认为必要的范围内，许多别人说过的事和话都没有写，否则要写成几倍长是不难的；三是因为全文写得很生动很有感情，即使读者对田家英其人其事完全没有听说过，读下去也会感到很有吸引力和感染力，虽然作者并没有打算写某种传记文学，当然，因为作者对田家英很有感情，有些评价不一定人人都同意。这种情况也同样会发生在对毛泽东的评价方面，有些读者可能认为作者太苛刻，有些就相反。而且因为作者的叙述是有选择的，人们完全有理由讨论书中的剪裁和详略是否适宜。不过我想，作者有充分的权利对于事实的各方面作出自己的取舍。

我在立意写这篇后记的时候，曾经想借此机会说一些我对田家英的记忆和观察（过去写过的一篇小文实在太枯窘了，这是由于当时的健康状态太坏，竟无法说更多的话，早想有所补救）。但是现在精力和时间都不允许我这样做。为此我更感谢逄先知同志，他不但写出了如此丰满的回忆，而且允许我在校阅时在正文和注释中加进了少许想说的话。这里只对本文的一些体例加以简要的说明。

（一）本文所引用的资料是完全可靠的，就是说，完全可以查考对证的，包括作者过去的笔记（虽然这还是个人的私产）在内。凡引用时认为需要加的字都用〔　〕号标出，认为不易看懂的地方都另加注释。

（二）本文基本上采取客观叙述的体裁，间或夹入少许评论和抒情的文字，相信也可以一望而知，力求不损害全文的公正性和公证性。

（三）文中涉及的个别的人，为了保存历史原貌，尽量标出真实姓名。所说的事实一般都在距今24至45年前，早已事过境迁，成为历史，而且所涉及的事实都早已为人们所知晓，相信不再有保密的需要。

（四）文中涉及的姓名如在同一节频繁出现，在重复时一般只用姓，或用第三人称代名词他她，以求行文简洁。这是古今中外行文通例，如著名的李密《陈情表》在提到作者的祖母时就只说刘，"臣欲奉诏奔驰，则以刘病日笃"、"但以刘日薄西山，气息奄奄"、"庶刘侥幸，卒保馀年"的句子，为许多读者所熟知。又如孔曰取义，孟曰取义，萧规曹随，屈赋朱注，不可胜举。毛泽东在自己的著作中也常用朱毛红军一类流法，在《渔家傲·反第一次大"围剿"》不周山注中标明"毛按"。据此，用毛代替毛泽东是完全正常的。这里特地指出，是因为我国读者现在一般还不可惯于把毛泽东简称毛（如同不说卡尔·马克思而只说马克思），好像这是外国人的用法或含有不礼貌的意味。本文中这样用了，只是因为否则全名连用太多，读来势必显得太累赘太沉重，此外当然也想借此提倡一下。文中还有若干处把毛泽东和田家英并列甚或加以比较，这只是本文的题旨使然。既然本文要写的是毛泽东和他的秘书田家英，而他们两人相处18年之久，大部分时间关系之密切确非寻常，这就很难始终避免把他们并列甚至相比。中国学术史上常说孔老、孔墨、孔孟，也说孔颜。尽管颜回命短，并未留下什么学说，除了是孔子的好而穷的学生之外，没有别的身分。可见决不是一并列就表明两个人的年代年龄相近，或地位身分相近。

末了，作为校读者要对自己所做过的工作的性质申明一下，在校读过程中，曾经做过文字的修饰工作，间或也对本文和注释有所增补，但是绝没有对原文所叙述的事实作任何实质性的删改。校读者和作者一样确信，历史是不允许删改的。校读者所作的修饰增补尽管经过作者的同意，但是它们可能引起的是非应由校读者完全负责。校读者认为，自己对本文所做的工作虽然微不足道。却不仅应向作者和读者负责，应向自己的引路人毛泽东和自己的挚友田家英负责，也应向社会和历史负责。

1989年11月22日

成都大丰之行感言

大丰，隔我很远，它在成都，我在北京。这是从地域上说的。大丰，又隔我很近，它深深地印在我的记忆中，割舍不开。这是从感情上说的。

从1959年跟随田家英同志第一次踏上这块沃土，55年过去了。今年8月，趁着到成都参加纪念邓小平诞辰110周年学术研讨会的机会，又一次来到大丰，这是第五次到大丰了。这五次的时间点，正好反映了新中国五个历史发展时期。

第一次，1959年，是人民公社时期；第二次，1983年，是农村改革时期；第三次，1994年，是以邓小平南方谈话为标志的改革开放的新阶段；第四次，2001年，是新世纪的开端之年；第五次，今年，是全面改革开放时期，又适逢改革开放总设计师邓小平诞辰110周年。

每一次到大丰，都有新的变化，而变化最大的是这次所见到的。我简直不敢相信大丰会有这样的变化。昔日的稻田、水牛、林盘、砖瓦平房，都不见了。我想看一看稻田，找找当年的感觉，街道党委的同志带我走了好一段路，才看到一块稻田，大概只有几亩地。与此形成强烈对比的是，一片片的高楼大厦，拔地而起，一些漂亮的新建的楼房完全可以同北京这些大城市相媲美。大丰已经城市化了，与成都中心城区实现无缝对接，完全融入中心城区。昔日的农民已经变成今天的市民，城乡二元结构的问题已不存在。这里开始用现代化信息化的手段管理社区了，使人耳目一新。这次到大丰，虽然只有半天时间，浮光掠影地看了一下，给我留下的印象却是十分深刻的，其变化之大，完全可以用"沧海桑田"来形容。

大丰当年的遗迹，只剩下了一个崇义桥和正在拆除的粮库，听说明年都要拆除。看到这些旧址，触景生情，55年前家英同志带着我们中办秘书室的几个同志在这里搞整社、搞调查的情景，油然在脑中重现。

1959年田家英到大丰公社搞整社，是毛主席派的。大丰，原名崇义桥，田家英觉得这个名字有点儿封建味道，便给它改名为"大丰公社"，希望大丰收的意思。这里的干部群众为纪念田家英，这个名称便一直沿用下来。我们在这里整整住了半年，都住在队里，同社员一起劳动，一起排队吃食堂，同生产队干部一块开会研究问题，就像一家人。当时生活比较困难，我们同社员一样有时要吃稀的，瓜菜代。那一年春耕的时候，快要插秧了，可是田里缺肥，怎么办？田家英便想出一个办法，奖励社员到成都挑粪水。他也加入这个队伍，同大家一起拉着粪车到成都拉粪水，来回一趟就是30里路。几天的时间，插秧的肥料问题就解决了。

那年4月，毛主席为了纠正当时盛行的瞎指挥风、浮夸风等，写了一封给六级干部的信。田家英拿到这个文件后，不顾上面的严密封锁，向全公社广播了毛主席的信，受到干部、社员的热烈欢迎，大家就照着办了。正因为如此，在后来最困难的时期，这里的困难程度要小得多。家英同志实事求是、完全为老百姓着想而敢于担当的精神以及他的魄力，令人钦佩。

24年过去了，我第二次来到大丰。刚一到，镇子上就传开了："田主任来了！"人们奔走相告。他们不知道田家英已经离开人世，但显然地，田家英的影响已深深地印在大丰人的心坎里。我见到了当年大丰公社的党委副书记周明久、乡长陈世昌、会计刘先荣等，还有许多社员，像见到久别的老战友一样，又高兴、又有点心酸，老周都流下了眼泪。这次我看到大丰最大的变化，就是经过农村改革，农民的温饱问题已经解决，居住条件和生活条件都有了改善。1982年，粮食亩产达到1200斤，比1958年的580斤，高出一倍多。党委书记张云祥说，搞农业，一年有三个月的时间就够了。周明久也说："实行大包干以前，一个人一年出工300天，实行大包干以后，60天就够了。过去一亩地投工100个左右，现在只用60个工。"陈世昌则对我说："实行大包干后，社员主动性、灵活性强了。去年（1982年）大春收获时阴雨连绵40天，要在过去最少烂谷30%。但去年没有烂谷,社员把湿谷子放到屋里头,用电灯、烘炉烤,用电风扇吹。"我走了几户社员家庭,看到粮食都很充足。走到田头,水稻长势很好,可是田埂长满了杂草,毛细水渠几乎被杂草堵塞。当年公社时期,要求田埂"三面光",几乎没有杂草,水流灌溉十分通畅,这是靠集体经济的力量。当时我就想,实行大包干后,家庭经济的积极性确实充分调动起来了,显示出了它的生命力;但集体经济的优越性怎么发挥出来,让家庭经济这个层次的积极性同集体经济这个层次的积极性结合起来,是一个需要很好研究的问题。

　　第三次到大丰是1994年8月。当时应四川省委的邀请,到成都向省委常委和地市委书记学习会作《邓小平文选》第3卷的辅导报告,期间又来到大丰。1992年邓小平南方谈话后,全党进一步解放思想,全国加速改革开放,出现了经济快速发展的形势。这股春风也吹到了大丰。大丰镇变了样,街道改造了,有了不少新建筑,盖了不少新工厂。党委书记杨德显说,共引进了60家企业,人均收入1959年50元,1993年达到1205元(2013年已达到17100元)。我在8月4日的日记中写道:"到大丰镇,旧地重游,会见当年的公社、大队干部和社员,情绪格外激动。在成都市、新都县领导人陪同下,向田家英铜像献了花圈。"田家英铜像,是大丰人为纪念他而竖立的,放在大丰镇的南面入口处,后来搬到了新都桂湖公园。

　　2001年7月,21世纪初,应西藏自治区党委邀请,我和中央文献研究室的几位同志去拉萨,出席《毛泽东西藏工作文选》出版座谈会,同时参加西藏和平解放50周年大庆活动。路经成都,我又专程来到大丰。这是第四次到大丰。跟几位干部座谈了一阵子,又特地去看了看当年我住过的房子。它坐落在一个林盘里,这个林盘住着六七户人家。生产队长杜运湘家就在我的隔壁。杜运湘,个子不高,讲起话来,嗓门很大。夏天整日赤着脚跑来跑去,忙着队里的事情,跟普通社员一样。杜家妈妈是一位慈祥和蔼的老婆婆。民兵队长老黄跟我住在一起。他很憨厚,身体粗壮,说起话来,声音像洪钟一样。他有一支大盖枪,到晚上就拿出来,我猜想是否是保护我的?这次到大丰,老杜、老黄都不在了,我很想念他们。直到现在,他们的音容笑貌还活生生地闪现在我的眼前。我在7月15日的日记中写道:"上午,到大丰,并看望当年的几位干部,同他们座谈,又到我住过的房子看过。今日的大丰早已不是当年的大丰,变化十分巨大。"

如果说,前四次到大丰,每次都见证了大丰的明显变化。而这次所看到的变化,则是具有质变的性质,即:由农村变为城市。当然,由农村变为城市,无论是在行政管理方面,还是人们的思想观念方面,都要有一个适应的过程。城镇化是中国发展的必然趋势。城镇化不可避免地要占用耕地。于是我又想到,就全国而言,城镇化,特别是城市不断地扩容,与保证必需的耕地如何兼顾,使二者做到比较理想的结合,又是一个必须处理好的重大课题。

　　大丰的变化，可以说是改革开放以来中国面貌改变的一个缩影。它证明我们党制定的路线、方针、政策是完全正确的，中国特色社会主义道路是完全正确的，必须毫不动摇地坚持下去。大丰的明天会更加美好。

纪念田家英同志[*]

今年，是中国共产党的忠诚党员、中国人民的优秀儿子田家英同志诞辰八十周年。

对这位英年早逝的革命战士和著名学者，我们可以从不同的角度、不同的侧面，以不同的方式来纪念他，缅怀他。比如说，作为党的高级干部、毛主席的秘书来纪念他，缅怀他；又比如，作为党的马克思主义理论家、毛泽东思想的著名研究者和热情宣传者来纪念他，缅怀他；再比如，作为著名中共党史专家和历史学家来纪念他，缅怀他，等等。今天，在这里以展出家英同志收藏的清代学者墨迹来纪念他，缅怀他，这倒是一种别具特色而又很有意义的纪念与缅怀的形式。

家英同志说不上是大收藏家。但是他所收藏的清代学者墨迹，如此之丰、如此之精，则是海内第一家，许多文物鉴赏家和学问家观赏之后，无不为之赞叹。

收藏清代学者墨迹，是家英同志的业余爱好，却成为他全

---

[*] 这是作者2002年9月20日在"田家英收藏清代学者墨迹展览"开幕式的讲话。

部生活中不可或缺的一部分，使他的精神世界和文化生活更加充实，更加丰富。

家英同志收藏清代学者墨迹，是同他的学术工作、研究志趣结合在一起的。他有志于研究清史。他认为，清王朝是中国两千年封建社会最成熟的形态，把清王朝研究清楚了，对整个中国封建社会就有了更深入的了解。清朝又是最后的一个封建王朝，与中国近现代历史有着最直接的关联，研究清朝历史对于研究现代社会，有着特殊的意义。清代学者墨迹，特别是信札一类，无疑从一个侧面为家英同志研究清史提供了一些十分珍贵的第一手资料。

家英同志收藏清代学者墨迹，不仅欣赏其书法艺术，而且从中吸收了许多思想营养。林则徐写的两句诗"苟利国家生死以，岂因祸福避趋之"，成为他的座右铭，他并以自己的行动实践了这个格言，就是其中之一例。

家英同志把散落在各地的清代学者墨迹，以他有限的工资和稿费收入，不惜高价收买下来，从明末清初到清末民初，加以精心整理，形成了规模，形成了体系。这是家英同志为国家文物事业做出的一个贡献。

1991年，赵朴老在参观"田家英同志收藏书画展"后，题写了四句话："观其所藏，知其所养，余事之师，百年怀想。"我就用这四句话来结束我的讲话。

我所了解的胡乔木同志[*]

从我参加革命工作近七十年来，对我直接影响最深、教诲最多的，有两个人，一位是田家英同志，一位是胡乔木同志。我是通过家英同志认识乔木同志的，那是1951年。当时我作为家英同志的助手参加《毛泽东选集》的编辑工作，开始与乔木同志有所接触，但不是很多。家英同志对乔木同志很钦佩，对他的才学、文笔、人品、作风，十分推崇，并且常常对我讲到他。乔木同志从一开始在我的心目中就是一个崇高的形象。

一、为编辑《毛泽东选集》第四卷做出重大贡献

我与乔木同志第一次比较密切地在一起工作，是1960年编《毛选》第四卷，大约有一两个月，朝夕相处。当时，我们大

---

[*] 这是作者在胡乔木诞辰82周年纪念座谈会上的发言，发表在《党的文献》1994年第3期，原题《永远怀念胡乔木同志》。编入本书时，作者又依据保存下来的工作笔记和记忆所及，做了很大篇幅的补充。

部分时间在外地,手头并没有多少参考书籍,乔木同志却凭他博闻强记积累下来的学识,为《毛选》第四卷写了许多具有思想性和珍贵史料价值的题解和注释,而且出手很快,看起来似乎轻而易举,实际上是他多年历练积累之功。这些题解和注释,过了五十多年,特别是经历了那么多重大变化后的今天来看,不论是观点还是史实,我认为总的说来是站得住脚的。这十分不易。乔木同志还为《毛选》第四卷中的三篇评美国白皮书的文章拟了新的题目:《为什么要讨论白皮书?》《"友谊",还是侵略?》《唯心历史观的破产》。乔木同志出众的才华和过人的记忆力,给我留下了深刻的印象。乔木同志后来说:"毛主席对第四卷非常满意,兴趣很大。当时是采取集体阅读办法,有效率,又集思广益。我提出选的时评多了。毛主席说,没有一点文采行吗?"

参加《毛选》第四卷编辑工作的还有:田家英、许立群、熊复、姚溱和王宗一等同志,康生主持全书编辑中的具体工作,他说他是"只动口不动手"。实际上乔木同志对《毛选》第四卷的编辑工作,贡献最大。

二、湖南调查

1961年毛主席在提出"大兴调查研究之风"后,派出三个调查组到农村作调查。这是他为总结经验教训、纠正人民公社化运动中"左"倾错误的重要举措。乔木同志是湖南调查组的组长。他同家英同志一样,在制定人民公社"六十条"的工作中,给了毛主席很大帮助。

  以关于农村公共食堂的调查为例。当年,食堂问题涉及几亿农民的切身利益,同时又是一个十分敏感的问题。胡乔木同志领导的湖南调查组经过初步调查,对办食堂持肯定态度。1961年2月,毛主席从杭州到长沙听胡乔木汇报调查情况。当毛主席问到你们这里的食堂是不是还勉强?乔木说根据他们的调查,食堂这个制度现在还不算勉强的。他说:"我们原来很留神研究这个问题。长沙县的情况很特别,非常明了,食堂根本不可能散了,它把好多人家连到一起去了。一个食堂就是一个屋场,所谓屋场就是一个小队。"毛主席问:"为什么弄成这个样子?"胡乔木说:"这是因为拆房子拆得多了,群众现在习惯了,觉得这样有好处。我们问了一些贫农、下中农,他们对食堂都还是满意的。他们主要是觉得痛快、干脆,不管那么多的闲事了,这个群众还是高兴的。"胡乔木接着又谈起一些具体情况:"我在一个小队里面,住了五六天的样子,他们那个大队食堂搞得好,食堂都有桌子,一桌一桌地坐,我们在那里和大伙一起吃饭。吃饭还是有保证,粮食、菜、油、盐这些都有保证,所以社员对这一点还是满意的。它在遇到灾难的时候,还起到很大的作用。"

  隔了一个多月,1961年3月底,毛主席从广州到长沙,第二次听取湖南调查组汇报，胡乔木同志刚从韶山大队调查回来。经过对韶山更深入的调查，他对食堂有了新的认识，得出完全相反的结论。他在汇报时，纠正自己原来的看法，直言不讳地说："食堂问题在目前特别突出。干部很敏感，群众也很敏感，一谈就是食堂。原来我在长沙看到的情况，是食堂搞得好的。同时还有这么个原因，就是过去省委一贯强调这个东西，干部不敢议论这个问题，群众也不敢议论，所以就没有发现怀疑的言论了。这回'六十条'这么一说，好些大队反映，说念这一条的时候，群众最欣赏的是末了一句：'可以不办'。我们在韶山大队为着先试探一下，找三个小队长和这三个小队的一部分社员，一起座谈'六十条'里面的主要问题。座谈会一开始，就对食堂问题展开了非常尖锐的争论。双方都举出理由，针锋相对。"毛主席问："你参加了？"乔木答："我参加了。我们原来都没有这个思想准备。我原来对于食堂还是比较热心的，经过几次辩论以后，觉得他们提出不办食堂的理由是有道理的，是对的，应该考虑。根据韶山公社五个大队的统计，八十九个食堂，已经散掉五十个，讨论'六十条'以后，估计还要继续散。我觉得，第一，现在解散有利；第二，现在可以解散。"毛主席说："要看现在有没有锅灶，有没有粮食，有没有柴火，有没有房子。"胡乔木根据实际调查的情况说："我们倾向于快一点解决为好。虽然有些困难，分过了之后，群众还是会陆陆续续自己去解决的。"

胡乔木同志在食堂问题上态度的改变，说明要了解真实情况，特别是食堂这样的敏感问题，必须做深入的甚至反复的调查。走马观花不行，时间短了也不行，只调查一个地方也不行。乔木同志这次对食堂问题的汇报，比上一次汇报深刻得多、具体得多了。他的汇报，把广大群众对解散食堂的迫切希望和要求，活龙活现地展示出来。这时，由中央明令解散食堂的条件还不完全成熟，但湖南调查组关于食堂问题再调查的结果，对毛主席和党中央下决心全部解散食堂，肯定是很有影响的。

就在这个时候，胡乔木同志打电话给浙江调查组的田家英同志，说他们主张解散食堂，这与田家英的意见不谋而合，田家英高兴得跳起来了。

1961年4月14日，胡乔木同志给毛主席写了一个报告，并附有四份材料。四份材料中，最显眼的是关于公共食堂的调查报告。报告说："在韶山公社干部和社员讨论'六十条'的时候，我们遇到的最突出的问题，就是公共食堂问题。从群众反映看来，大多数食堂目前实际上已经成了发展生产的障碍，成了党群关系中的一个疙瘩。因此，我们认为，这个问题愈早解决愈好。大多数食堂势在必散，而且散了并没有损失，反而对整个工作有利。群众要求散的食堂不但应该散，而且可以散得很快很好。"

这是毛主席收到的第一个主张立即解散公共食堂的正式报告。4月26日，邓小平同志根据毛主席的意见，以中共中央名义将胡乔木的报告及四个附件转发各中央局，各省、市、自治区党委，作为研究和解决食堂问题和有关问题的参考。

这是在食堂问题上的真正突破。曾几何时，"公共食堂万岁""公共食堂是社会主义的阵地""必须坚持公共食堂"等口号，喊得震天响。人们都把公共食堂看作人民公社的一项基本制度。在"反右倾"运动中，不少人因反对公共食堂而被批判甚至打成"右倾机会主义分子"的情景，人们记忆犹新。

5月8日，毛主席收到胡乔木同志当天的来信，信中报告最近调查情况。在讲到食堂问题的时候说：韶山公社食堂已由原有的一百一十二个减为六个，其中五个不久都将不办。对于在短短的三天时间内基本解决全公社的食堂问题，群众反应热烈的程度难以想象，有的甚至说这是"第二次解放"。预计最近即可在湖南全省范围内解决。

胡乔木同志在调查中，坚持实事求是的原则，敢于推翻自己原来有过的不正确认识，敢于向毛主席反映食堂这个"禁区"的问题，旗帜鲜明地提出，解散农村公共食堂势在必行，而且越快越好。

在1961年3月的广州会议期间，毛主席要乔木同志为中央起草一个关于认真做调查工作的党内指示。那天晚饭后，他、家英同志和我一起散步。乔木同志一面走一面谈，把准备起草的指示内容大致说了一遍，征求家英同志的意见。我看他已经是成竹在胸了。指示稿很快就写出来了，在中央会议上顺利通过。这个指示在当时有很强的针对性，在今天仍然有它的价值。

特别是那个带有浓重的乔木文风的名句"在调查的时候,不要怕听言之有物的不同意见,更不要怕实践检验推翻了已经做出的判断和决定",可能不少人还记得。这句话体现了我们党坚持真理、修正错误的优良传统,坚持了我们党以实践作为检验真理的唯一标准的思想路线。胡乔木同志在湖南关于食堂问题的调查,实践了他写下的这个名言。

三、党的文献工作的奠基人

胡乔木同志在湖南调查期间,身体就很不好,长期严重失眠。1961年6月,他因病长期请假,从此我同他接触的机会就很少了。十年"文革"期间,我被长期隔离起来,长达七年半,根本就不可能同他见面。直到1979年冬,我们才又第一次重新见面,这时他已经显得苍老多了。

我同乔木同志接触最多的是从1980年到1992年我在中央文献研究室工作的这十多年。

胡乔木同志是中央文献研究室的第一任主任,是党的文献工作的奠基人。在他不再兼任室主任之后,按中央的分工,他直接分管文献研究室的工作。他对文献研究室的关心、指导、爱护和体贴,是巨大的,又是无微不至的。

1989年,他感到文献编辑工作中有一系列带有原则性的问题,需要报请中央批准。他直接授意,由我们起草了一个《关于编辑工作中几个原则性的问题》的请示报告稿，经他修改，报中央常委批准，成为中央文献研究室的一个"大法"，党的文献的编辑工作，在一系列原则问题上就有章可循了。

乔木同志审阅过由我们编辑的许多部老一代革命家著作集，包括为这些著作集写的注释。1984年，他对注释工作讲了一篇重要的意见。他说：最近几年，我修改了一些文选的注释，先是《鲁迅全集》的注释，后来又有《周选》《刘选》《邓选》的注释。我感到起草这些注释的同志都有一种通病，就是议论多、断语多，好像法官做判决一样。这个毛病可能是受《毛选》注释的影响。陈伯达当时搞《毛选》注释时就爱下断语。后来康生又说这些注释都是经过毛主席看过的。这样一来，凡是《毛选》注释写了的，好像就成了"句句是真理"，再也不能变了。也就是说，注释上说这个人不好，他就很难翻身了。实际上人是变化的，鲁迅当时批评过的人，后来有不少都是很好的同志。写注释主要是对一些人和事的基本情况、历史背景做些必要的介绍，以帮助读者理解正文，切忌发议论、下断语。对某人某事评论不是注释者的事情。注释一定要准确。我在修改《周选》《刘选》《邓选》注释时，对每句话都是仔细斟酌的，把所有的议论和断语都删去了。

有一次，乔木同志从外地打电话给李琦同志（时任文献研究室主任），对《刘选》的注释提修改意见，整整讲了两个小时。

乔木同志还说：注释是编者的工作，做得好坏，反映编辑工作水平。文字要精练,语言要规范,不能有语法、修辞的错误,中心是明确、准确。现在的写法要求自己承担不能承担的任务。对注释要求有限,只是为了说明正文,不注不能说明。对人物的是非功过做了评论,会有争论,对人物做了评价很被动。《毛选》的注释就有这个问题。根本要跳出这个圈子。人物的注释,只写简单背景,生卒年,当时干什么,就行了。不要成为一部人名词典。人物要分主要的、次要的,不是主要的不注。这个问题涉及好几本书,室委会讨论一下。

此后,文献研究室的注释工作就是遵循乔木同志的这个方针来做的,在学术界、思想界获得好评。这是党的文献注释工作的一大改革。在别的方面,乔木同样表现出这种敢于突破陈规,反对因循守旧、不断提出新思想新见解的个性特点。这一点,在我同他的长期接触中,感受是很深的。

1987年1月,乔木同志要我和冯蕙同志(1988年任文献研究室室务委员),跟他一起修改大百科全书军事卷的"毛泽东"词条。在修改过程中,引起他很多思考,讲了许多关于怎样写辞书释文的意见。他说:写百科全书这类东西,不要使用宣传性、颂扬性的词语,也不要使用党的文件、决议中论断性的语言,尽量减少"正确的""错误的"这类形容词,避免宣传色彩,而要用客观陈述的方法,以保持释文的客观性和稳定性。事情要交代明白,时间要写清楚,尽量不要含糊和不确定。他对大百科全书释文的撰写提出的总的要求是:"有关中国方面的内容，应当力求准确、公允、可信；外国方面的内容，要力求不出错误。"在此之前，1986年10月，乔木同志曾就辞书重要人物条目不用颂扬性评价语（如"伟大的无产阶级革命家"等等）问题，写信给中央政治局常委，邓小平同志和其他常委都表示赞成。据查，在辞书中对人物条目释文使用颂扬性评价语言，始于斯大林时期的苏联，后来移植到中国，在中国，一直延续到80年代，又是乔木同志率先破除了这一传统，这对中国辞书编纂工作有着重要的革新意义。

中央文献研究室的成长以及在工作中取得的成绩，与乔木同志的领导和指引是分不开的。他对我们的工作，要求是严格的，指导是具体而细致的。大到编辑方针的确定、某些重要理论观点的推敲，小到一个字、一个标点的用法，他都认真审查，并提出明确的意见。对于一句少见的引语或者一个生僻的典故，他总是要求我们查个水落石出，方才满意。他说："文献研究室的工作也不是阳关大道，做不好，会提出许多严重问题不好回答。"

他指示我们，编辑老一代革命家的选集、文选，是为了宣传毛泽东思想，宣传十一届三中全会以来的路线、方针、政策，不是为编书而编书。他把这个工作看作是党的宣传思想战线的一项重要任务。

他要求我们，不但把编辑工作做好，还要把研究工作做好。如果不在研究方面，特别是理论研究方面做出成绩，就站不住。

他还说，国外有些学者对毛泽东思想有相当的研究，我们必须超过他们。

他向我们提出，要使每一个编辑研究人员具有科学的治学态度和严谨的工作作风。在编辑研究工作中，做到党性和科学性的统一。他说："党性不建立在客观性的基础上不行。要有史实，还要有史才。写史，要客观，要忠实，这是中国史学的传统。"

乔木同志十分关心文献研究室的编研队伍的成长，在政治上、在业务上都提出高标准的要求。他提出，要培养一些读书很多、精通外文、有研究能力的干部。

乔木同志对我们工作中的缺点有过不少批评，有时是很尖锐的，但他的批评绝不是简单的训斥，而是以理服人。我们深深地感受到他满腔的爱护之心和温暖之情。

与乔木同志相处，使人感到他是平等待人的，是尊重别人的。他听别人的意见，总是认真的，聚精会神的，从不打断对方的话，直到听完为止。同意或者不同意，他都有一个明确的回答。

乔木同志的意见当然并不都是正确的，也有考虑不周全之处，或者在反复思索中前后有不同的看法。你尽可以坦率地、无拘束地提出不同意见，他经过认真考虑，觉得你有理，是很乐意接受的。

四、指导编辑毛泽东著作，宣传毛泽东思想

胡乔木同志在领导和指导中央文献研究室的工作中，最上心的是编辑毛泽东的著作和研究、宣传毛泽东思想。

1985年，中央文献研究室提出要新编一本《毛泽东著作选读》，以代替20世纪60年代出版的《毛泽东著作选读》甲种本和乙种本。1985年5月11日，我和龚育之同志（当时我们两人都任中央文献研究室副主任）一道去向乔木同志汇报工作，他很赞成出一个新编本。他说："新出的选读本，不出则已，一出就要面貌一新。不完全成熟的文稿也可以选入。"我们将初选的目录送给他，第一篇是毛泽东《在新民学会长沙会员大会上的发言》，这是标志毛泽东选择了马克思列宁主义革命道路的一篇文献，发表于1921年，比《毛选》第一卷开卷篇《中国社会各阶级的分析》早了五年。乔木同志看了称赞说："打破局面，实事求是，改变过去的选读本的老样子，给人以新的印象。"

就在那次谈话中，乔木同志跟我们谈到几个重要人物的一些情况和他的看法。讲到瞿秋白，他说：1934年中央从苏区撤退时，瞿秋白找毛主席要求随军行动。毛主席说，我无权，你去找洛甫。结果是博古不同意。乔木同志说：我在毛主席身边那么多年，从未听他说过对瞿秋白不好的话。昨天晚上我看了毛主席为瞿秋白文集写的序，很好，很有感情。又说：毛主席

在延安时说过，反三次"左"倾路线，我算一个，少奇同志算一个，第一个历史决议就是这个基调，刘也就是那个时候提上去的。在一次政治局会议上，主席对政治局的同志都说了一下他的看法。他说，周恩来有三个优点：第一，拼命干，干起工作来，鞠躬尽瘁；第二，接近群众，联系群众；第三，在重要关头，顾全大局。这三点，对周恩来同志的为人说得十分公允。乔木同志还谈到历史学家陈寅恪。他说：陈寅恪解放后有进步，对党有感情。陶铸对他很好，陈眼睛不好，陶铸专门为他修了一条显眼的白颜色的路。陶铸说，"文革"中，毛主席说陈寅恪不能批斗。谈到胡风，乔木说：我和胡风的关系不错的。解放后他来北京，我劝他入党。他回信，一方面表示感谢，一方面提出保留条件，他的文艺见解不能受限制。

1989年1月6日，胡乔木同志叫我到他家里，第一次提出编《毛泽东文集》问题。他说：毛泽东著作应当出一个比较完备的本子。对毛泽东这样一个人物来说，只限于出几本选集，显得中国非常封闭。要研究中国这段历史，不研究毛泽东怎么行呢？毛泽东著作是中国人民的财富。当然出《毛泽东文集》要经过深思熟虑后再正式提出。我一向对发表毛主席的东西采取对党负责的态度，不能因为是他的东西都可以发表。选文章不在长短，哪怕只是一小段，只要是说到点子上，都可以选。

1990年2月3日，乔木同志打电话给我，再次提出编《毛泽东文集》问题。他说：我想起毛主席诞生百周年应出他的文集。毛主席过去写过很多东西没有发表，特别是在争取革命胜利的斗争中写过的电报、文稿，可以出十卷。这个意义比较大。毛泽东在世界上人们还不大了解他，选的文稿都要有实质内容的。《毛选》不能代表毛主席全部的东西。我很想做这件事，这是对毛主席最重要的纪念。现在就下决心，有三年可以搞出来。解放后的也要选，第一外交方面的，第二社会主义改造和社会主义建设方面的，第三纠"左"方面的。不出这种书，人们对毛泽东就不够了解，还以为新中国成立后毛泽东就是二十年的"左"倾。毛主席在制定政策、实行策略、坚决而又灵活地进行斗争一直到取得胜利，这些大家知道的不很多。我觉得对毛泽东思想的宣传越来越重要。

1990年2月12日，我和冯蕙同志一起到胡乔木家中，谈毛文集问题。乔木同志说：《毛选》和毛著选读本的出版，同毛泽东一生做的事业还不相适应。现在要宣传毛泽东思想，宣传中国革命的胜利，在目前形势下任务更重大。要使人们了解中国共产党是怎样胜利的，毛泽东是怎样领导革命胜利的。出毛文集是为了宣传毛泽东思想，它不是资料书。出文集要当作政治问题，不能当技术问题考虑。要想到社会效果。毛主席在反对蒋介石反共高潮的斗争艺术值得写，对现在是有意义的。50年代毛主席有很多想法，虽不叫改革开放，他确实想到社会主义要有所发展。

胡乔木同志只要决定做一件事，他就会挂在心上，不断地思考，对于毛文集的编辑出版就是这样。过了一些日子，他从上海打电话给我，谈起毛文集时，激动地说："不编出《毛泽东文集》，我就对不起毛主席！"

后来，为纪念建党70周年，中央决定出版《毛泽东选集》第二版，毛文集工作只好暂缓上马。胡乔木同志又把精力转到指导《毛选》第二版的修订工作。他对这项工作十分重视，兴致很高。我们汇报修订情况，他认真地听，时而皱起眉头，仔细思考，时而谈笑风生，开怀大笑。他告诉我们，编辑工作一定要为读者着想，向读者负责，给读者方便。他要我们把每一卷正文修订之处列出一个表格，附在书后，一来为方便读者，二来使编辑工作对正文的修订是否恰当能接受读者的监督。这又是编辑老一代领导人著作集的一个创新。

中央文献研究室在修订《毛选》时，多次请教著名语言学家吕叔湘，他始终十分认真地给予热情的指导、满意的答复。不论什么时候，随问随答。乔木同志知道这个情况后，特地问我，给吕叔湘送了《毛选》没有？并嘱咐说，要新华社发一篇《吕叔湘与〈毛泽东选集〉第二版》的新闻稿。后来由参加《毛选》第二版修订工作的冯蕙同志，写了一篇《吕叔湘与〈毛选〉第二版》，在《光明日报》发表。1986年，中央文献研究室聘请吕叔湘为特约顾问。

《毛泽东选集》第二版出版后，文献研究室立即启动《毛泽东文集》的编辑工作。第一卷、第二卷于1993年出版，前后花了七年时间，共出版了八卷。乔木同志已于1992年离开我们。他没有看到这部书的出版，真是太遗憾了！

乔木同志不但重视毛泽东著作的编辑工作，可以说更有兴致和重视毛泽东诗词的编辑工作。人民文学出版社于1986年出版的《毛泽东诗词选》就是胡乔木主编的。为编辑这部书，他耗费了很大的精力。有一次我到他家里去，他正在做这个工作。他说："谷羽（胡乔木的夫人）说，你怎么整天费那么多精力搞这些东西。谷羽她不知道毛泽东的诗词比他的著作寿命还要长。"乔木同志对编毛泽东诗词所下的功夫，他对问题思考得那么细致、周密，从他与龚育之和我之间的多次通信中，也可以窥见一斑。

在编毛主席诗词中遇到一个问题，就是关于《吊罗荣桓》这首诗的写作时间问题。原作没有注明时间，诗中有批评林彪对打锦州迟疑不决的意思，因此有人认为不可能是在罗荣桓逝世的1963年写的。但吴旭君（毛泽东的护士长，经常为毛泽东修改过的诗词做誊写工作）写文说明，这首诗就是在罗逝世不久写的。乔木同志肯定吴的意见，他说：吴旭君的文章连那首诗的题目怎么写的都记得，不可能记忆错误。诗中的"君今不幸离人世"一句，也说明这首诗不是罗荣桓逝世以后很久才写的。当时主席听到罗荣桓逝世，很悲伤。吴旭君的记忆非常真实。对诗词的考证，要像鉴定文物一样，要善于判断。希望你们将来负责下决心的时候，一方面要慎重，一方面要善断。

胡乔木同志还设想过编一本《毛泽东文钞》。他说：这本书从散文的角度去选，不讲政治标准，讲艺术标准。《毛选》主要是从政治上考虑的。毛主席的文章写得非常好，包括电报如"佳电"，书信如"致蔡元培的信"。文言的、白话的都选。毛主席是散文家，文章形式是多方面的，当代没有人能比得上。要提倡毛泽东的文章，发扬中国文学传统。后因为要编毛文集，乔木同志放弃了这个设想。

乔木同志要求我们，不但把编辑工作做好，还要把研究工作做好。他更强调后者。他向我们提出编《毛泽东文集》的同时，还提出写一本《毛泽东思想概论》的要求。我们初拟的编写提纲送去后，他又亲自写了一个提纲，全文如下：

中国革命的兴起，马克思主义的传播和毛泽东思想的形成

马克思主义普遍原理和中国革命的具体实践相结合

中国革命中的农民：农民土地问题、农村革命根据地和农村包围城市

中国革命中的资产阶级：又联合又斗争的统一战线

中国革命中的武装斗争：人民军队、人民战争和走向胜利的战略（含政治、军事）

新民主主义理论：无产阶级在资产阶级民主革命中的领导权

新民主主义向社会主义的过渡

人民民主专政（人民民主的形式，人民代表大会制和多党合作，对反革命的专政，军队在人民民主专政中的地位）

正确区分和处理社会主义社会的两类矛盾

经济建设和文化建设

防止和平演变

独立自主的对外政策（从抗日战争时期到最后）

党的领导和党的建设

思想方法和工作方法

价值观

毛泽东思想和中国历史、中国文化

毛泽东思想的历史地位和毛泽东思想的发展

我和金冲及同志（时任中央文献研究室常务副主任）去看他时，他对这个提纲做了解释。特别说到"毛泽东思想和中国历史、中国文化"这一条，他说：毛主席是马克思主义者，但如果没有中国的历史和文化也不会有毛泽东思想。我们很赞成他的看法，也提出现在动手写《毛泽东思想概论》，因准备不够，能不能写好还没有把握。现在，《周恩来传》已经出版，人们希望毛传能早日面世。先写《毛传》再写《毛泽东思想概论》，从具体到抽象，比较容易着手。他问：现在写《毛传》

有没有条件？我们说：可以试试看。写《毛泽东思想概论》延后一些时候，这个意见得到了他的同意。

1992年5月12日，乔木同志病情恶化时，我和金冲及同志到医院去看望他，向他汇报《毛泽东文集》和《毛泽东传》编写工作的进展情况。谈到《毛泽东年谱》，他问写到哪一年。我说：到1949年，要不要送你看？他说：我现在每天顶多看两小时的东西，脑供血不足，不能看了，可以把问题提给我。

五、满怀深情谈党史

在我同胡乔木同志多次接触中，他陆陆续续地讲到一些党史的问题。

1986年11月29日，乔木同志找我和冯蕙一起修改大百科全书军事卷"毛泽东"词条。谈到解放战争时，乔木同志兴致勃勃地讲到转战陕北的一些情景和故事。他说：转战陕北期间，中央几位领导人在王家湾吵了一顿。毛主席对任弼时同志不满意，当时任是秘书长。有一天晚上，到宿营地，毛主席要找一个地方休息，弼时同志没有安排好，毛主席没有地方可待，就生气了。他把弼时同志批评了一顿，说你秘书长不要当了，由恩来兼任。毛主席与弼时、定一同志争论很厉害。他们要毛主席过黄河，说是为了主席的安全。毛主席说，我的安全不要你们保护，你们也保护不了。我指挥的队伍大多了，这点还指挥不了？渡河不是不可以，现在根本不是时候。向东，刘戡一定包抄。其实毛主席的意见是正确的。他们吵了好久，这样出发就很晚了，还刮风下雨，天又很黑，走路不能打手电，陕北的黄土路很滑，困难极了。行军休息下来，毛主席说：这个怎么搞的，长征都没有经过这样的困难。前面没有探路的、带路的，也没有联络人，就靠本地的老乡、干部。到一处联络一处，不知道哪里能安顿下来，一直走到人困马乏，行军非常狼狈。胡乔木说：沙家店战役，起了转折的作用，真正的转机是沙家店战役。进攻榆林完全失败了，不值得写。沙家店一战，国民党被动了。彭德怀指挥部队南下，打到国民党地区。要真正显示出毛主席的指挥，要指出一个关键性的战役。

1988年3月11日，胡乔木同志要我到他家里去，进行了一次长谈，主要讲党史问题。

乔木同志说：我正在考虑建国后的党史怎么写，问题很多，问题也很大。我要在晚年把力量花在这方面，别的不必过问。写党史要有详细的史实材料，把事情的来龙去脉写清楚，把材料组织好。写党史还要瞻前顾后，不但分先后，还涉及各方面。如社会主义改造，有各种议论，处理不好，会影响到党和国家。对社会主义改造要肯定，不能动摇。但许多问题要讲清楚，如合作化问题。资本主义工商业改造，反倒容易解释，当然问题是搞快了，也不该搞掉中小的工商户。

他说：我想对解放后的历史，一个阶段一个阶段地看材料，对问题作深入研究。解放后的几个问题不好处理,最重要的是1957年以前的,因为这以后,中央已经断定是"左"的错误的开始。根据薄一波同志的回忆,少奇同志在天津讲话,事先与薄挂了号。讲话内容是一波同志到香山向毛主席报告的,最关键的一句话是"剥削越多越好"。听了一波同志汇报,毛主席笑了笑。后来他想出四句话:"公私兼顾,劳资两利,城乡互助,内外交流。"毛主席的头脑是很灵活的。乔木同志又说:农业问题是很复杂的,现在好像把合作化完全否定了。把前七年这段历史处理好,后面的都好办。

他又说:建国初期思想界的一些具体批判,很难肯定。如对胡适,不能不批,但一窝蜂不行,没有什么学术性,很抽象。实际上,没有也不可能完全批倒。批评《武训传》,抓得太具体,陷入被动。批判《红楼梦研究》,毛主席有矛盾,一方面否定俞平伯,一方面欣赏周汝昌。其实周比俞更彻底,他受到胡适的支持。毛主席对《红楼梦研究》等的批判,本来可以不采取这种方法,后来一步步升级,直到批判胡风。

说到批判电影《武训传》,乔木同志说:有一次杨尚昆同志对我说,主席在火车上一路讲《武训传》,说中国哪有这种人,为了办学唱一首歌。这个片子我看过,周总理等人也看过,不少人认为片子还不错。后来尚昆同志又说"小心点"。毛主席先要周扬写一篇批评文章,周未写。我写了一篇。这篇本来不是社论,是为发表武训的资料写的按语。毛主席对这个按语加写了许多话，起名《应当注意对〈武训传〉的批判》。有一位同志写文章质问孙瑜是不是帝国主义的走狗？找这位同志写文章的是江青。我说怎么提得这么高？孙瑜是《大路歌》的词作者，最早进步电影的导演。

1988年8月19日，在北戴河乔木同志又谈到写党史的问题。他说：党史不是文件的历史。决议通过了并不等于实行。只靠档案研究党史不行，仅在档案圈子里不行，离开整个的历史是不行的。现在的党史稿（指中央党史研究室正在撰写的党史稿）主要问题是对整个形势情况没有理清楚。要研究整个历史，要调查，不能捆在档案里。现在的党史稿本，主要缺点是对整个形势不能掌握。党史，要对整个历史很熟悉才能写出来，有个观点贯串下来。没有逻辑力量，看起来就干巴巴的。

后来，在另一次同我谈党史问题时，乔木同志又说：党史、理论要从宽广的范围研究，要有宽阔的胸怀，才能提出有深厚基础的观点，否则只是战术上的考虑。对党史、理论要进行深入的探讨，作比较研究。要注意国外提出的问题。

1990年2月12日，我和冯蕙同志到乔木同志家中，谈编《毛泽东文集》的问题，又引起他讲了一段党史，从延安整风讲起。他说：40年代初的那几年，敌后的形势慢慢地度过了困难时期，站住了，就在这样的条件下进行了整风。能够把那么多的高级干部集中起来，这与战争的形势是分不开的。为什么要算过去的账？这与王明的活动分不开。王明1940年在延安出版了他的

《为中共更加布尔什维克化而斗争》第三版，这就逼得中央不能不把历史账算一算。我到主席那里工作是1941年2月，毛主席正在编《六大以来》并亲自校对，我去了以后，就让我校对，王首道也参加。出《六大以来》就是为了把六届四中全会究竟是怎么一回事弄清楚，不回答这个问题不行。这次整风为抗战胜利准备了条件，要把这个问题说明白，就得做一番详细的分析。虽然历史决议只讲了抗战以前的事，但是使延安整风能够开展起来，并确认毛泽东思想，主要还是抗战以后这段历史证明毛主席是正确的。从抗战开始到1942年、1943年的变化，对全党影响很大。党内、国内、国际的变化是错综复杂的。苏联在抗战一开始就支持国民党。苏联对中国共产党是疏远的。延安整风就是要把中国革命是靠自己还是靠外国这个问题提到重要的地位。毛主席下决心整风，得到王稼祥同志的支持，王起了很重要的作用。在杨家岭，王住在毛的隔壁。毛说他对王很器重。在刘少奇同志回到延安之前，毛主席主要依靠王稼祥同志。王头脑清楚，不易走极端。要把毛主席的思想从40年代初到1945年的发展，同整个国际国内形势联系起来研究一下。日本投降以后，1946年进入另一个历史阶段。1946年以后，中国共产党已经完全成熟了。国民党军那么气势汹汹地大举进攻解放区，毛主席有条不紊地指挥战争，规定一个月消灭国民党军八个旅。这起了重要作用。毛主席心中有数，这是他的厉害之处。如不规定具体数字，就是软任务，具体数字是硬任务。一方面军事形势发生变化，另一方面解放区政策进行调整，发布了《五四指示》，又制定了《土地法大纲》，一步一步地深入。关于工商业及其他方面的政策也一步一步地进行调整。可以说，中国革命胜利不是偶然的。毛主席说"《毛选》是血写出来的"，内战、抗战、解放战争都能说明这个问题。军事生活、革命战争，是对他一生中最深刻的影响。1949年以后，到50年代，情况比较复杂，曲折比较多。

谈到《五四指示》，中央文献研究室在编《刘少奇选集》和《任弼时选集》时，都提出一个问题，这个指示是谁起草的？有人说是刘少奇，有人说是任弼时。乔木同志对这个问题做出了明确回答。他说：《五四指示》是刘少奇主持起草的。1946年上半年，毛主席从重庆回来后，基本上养病，血压低，精神不振。对《五四指示》弼时同志可能提过一些意见，主要是少奇同志主持起草的，这是肯定的，我当时列席了会议。这个我记得很清楚，确凿无疑的。少奇同志绝不会把别人的东西据为己有。根据乔木同志的意见以及其他的证明材料，中央文献研究室将《五四指示》编入《刘少奇选集》。

胡乔木同志非常重视党史的写作，也非常重视干部对党史的学习。1991年11月20日，他在中宣部党史学习班的讲话充分反映了这一点。那一天，我和邓力群、王忍之同志一起坐在主席台上，聆听了乔木同志这次简短而重要的讲话。他说：

我们要做好党的工作，需要了解党的历史。特别是在今天，要打破敌对势力对我国进行和平演变的阴谋，保证我党不会发生像苏联、东欧各国那样的变化，需要学习党的历史。我们党经历了许多艰难曲折，今天的胜利来之不易，应当非常珍惜党长期奋斗得来的成果。我党是深深地植根在群众之中，是为人民利益奋斗的。即使在犯错误的时候，主观上也是为了人民的利益。我们党是坚决为人民的，无论在任何情况下都是依靠人民的力量战胜困难的。我党所以成功，是因为创造性地运用马克思主义。虽然受过共产国际的影响，但整个说来是独立自主的历史，只有中国共产党能够做到。中国共产党掌握了自己的命运，中国革命走上愈来愈成功的道路。中国共产党的历史与其他国家的共产党的历史不可同日而语。尽管苏共有它光荣的历史，但它最终没有坚持马克思主义原理，终于失败了。中国共产党不是这样。当然，我们承认有失误，不认为自己的工作百分之百地正确。延安时期作历史决议，不惜耗费时间，精雕细刻，表明对历史、对人民是负责任的。

中国共产党的历史与整个中国的历史是分不开的。学党史要同时学习整个中国的历史，学习中国历史的背景。毛泽东思想离开中国的历史背景，很难理解清楚。学党史要加强民族自豪感、民族自尊心。

六、关于写回忆录

1989年10月31日,对胡乔木来说,是一个值得记忆的日子,他第一次提出要写回忆录。那一天,他把我和他的两位秘书邱敦红、徐永军同志叫到一起,谈写回忆录的问题。下面记录的是他谈到的一些主要情况:

> 好多同志向我说,女儿也写了一封长信,要我写回忆录,谷羽也是极力促进。我想没法写,过去一些事也记不得了。看了你的文章(指《毛泽东和他的秘书田家英》。——引者注),又觉得可以写,以我写的东西为主线。我想,过去写的东西可以出一个集子,但读者没有兴趣,如果同当时的历史联系起来就有意思了。请你们二位(指邱、徐。——引者注)在逢的指导下,把我从延安时期开始,从到毛主席那里工作(1941年)到80年代写的全部文章值得提的收集起来,回想这些文章的背景,把过程当中的一些事情可以讲一讲。
>
> 大致40年代初,我还没有写过党内的什么文件,那时主要是做会议记录。但在《解放日报》发表了些

东西，起草过纪念七七事变多少周年的宣言。抗战胜利以后，可能是1946年，在《解放日报》发表过一些文章，比较重要的，我记得有一篇《国民党缺少什么》，这篇文章毛主席很赏识。此前，还有一篇《苏必胜，德必败》，这是毛主席出的题目，要当场交卷。毛主席说，你要写得多，写得快。当时党中央非常紧张，需要安定民心，马上要有社论出来。我觉得事不宜迟，真做到了立马交卷，毛主席满意。还有些比较好的社论。边区文教大会时写了一篇社论，传到大后方，后来同夏衍见面时，他很称赞这篇社论。还有讲教育的一篇，叶圣陶很赏识，毛主席也很赏识，特地向我看了看说："噢！你能写出这样的文章。"毛主席看重我，才调到他那里工作。我认为写得比较精彩的一篇是《驳蒋介石》，重庆谈判以后写的，原标题是《驳蒋介石的演说》，毛主席看了没有改一个字，只把题目改为《驳蒋介石》。1946年符定一到延安，特地要见一见我，称赞这篇文章。这篇社论影响比较大，是我写的社论中最好的一篇。我还写了一篇《从重庆看罗马》，就是叫蒋介石看看墨索里尼的下场。

延安整风时写的一篇《教条和裤子》，也是毛主席赏识的，就是太尖锐。整风时还写了一些，不过好的不多。

我写社评比较多，也为党中央写过一些文件。有一件是讲农村阶级分析的，即《中共中央关于土地改革中各社会阶级的划分及其待遇的规定》草案。这个草案共二十五章，第一章、第二章是毛主席写的。写的时候毛主席不断地催，他看了前头几页，过一会就派人向我要后面的几页，我也无法对写过的稿子再看第二遍。后来这个文件广播了。李井泉说这是"农村的《资本论》"。这一篇当作历史资料还可以，但现在不值得印出来。

毛主席从重庆回延安，我留在重庆。我问他蒋介石会不会不让你回去？毛主席说："自然可能了，我到重庆就准备了。胜仗打得越多，我回去的可能性就越大，放手地打。"又说："中国是不了之局。"意思是并不是把他扣住，国民党就怎么样了。在重庆，开始毛主席住在蒋介石的别墅林园，王若飞同志对我说：你也去吧！结果我去了，毛主席说你来干什么，没有你的事。我说王若飞要我来的，毛说快回去。

从陕北到西柏坡，路上写了些东西。在山西郭县叫我办了一些事。在晋绥就没有什么事了。

到城南庄，毛主席提出学习列宁的《"左"派幼稚病》，中宣部发了一个通知。到西柏坡事情就多起来了。新华社每天发稿，我一个一个地修改，有社论、社评。少奇同志抓得很紧，我就住在他的前面。社论、社评改过后送他看，重要的送毛主席和恩来同志。

进城以后，为了纪念中国共产党成立二十八周年，毛主席叫我写一篇社论。我写了，毛说不行。他说："你的稿子也有好处，没有你的稿子，我也写不出来。"这就是毛主席写的《论人民民主专政》。我在原稿中有一句话："中国革命是在国际共产主义运动中间，闯出新路。"毛主席说："现在不是说这个话的时候，要一边倒嘛！一边倒也是没有办法的事。苏联总顾问柯瓦廖夫给斯大林报告，把中国说得一塌糊涂，谁是亲美派，谁是亲苏派，高岗最好。"

到北京后，为《人民日报》写社论比较多，有两篇特长的，不是一般的社论了。一篇是《再论无产阶级专政的历史经验》，合写的人有吴冷西、田家英；一篇是《西藏的革命和尼赫鲁的哲学》。

1951年是我的"全盛期"，特别忙，抗美援朝宣传等，紧张得厉害。

1953年冬搞宪法，这是我和田家英合作最长的一段时间。陈伯达很专横，不让人对他起草的稿子提意见。第一次开会，讨论序言，我讲了一些意见，他大发脾气，说：序言是我起草的，你提意见，要先告诉我。当时，毛主席是信任陈伯达的。

1955年，毛主席提出成立中央政治研究室。他说：革命胜利了，建设怎么搞，没有经验，希望成立个研究室，帮我研究经济。他提出一个名单，陈伯达为首，有江青、我、胡绳、田家英。我与江青、陈伯达相处时间长了，我说我不想参加研究室。

不管陈伯达怎样对待我，我对他还是采取公正的态度。公审"四人帮"的时候，原来把陈伯达与江青反革命集团列为同等罪名。我对邓小平同志说：陈伯达参加"文革"小组，没有多少实权，另外，他为党写了一些书，是起了作用的，将来还能用，建议《历史决议》不点他的名。小平同志采纳了这个建议。

1961年，我对毛主席说，少奇同志在庐山会议期间提出，只在小范围内批判彭德怀，另外起草一个反"左"的文件发下去，叫我向你反映。我不敢答应，找彭真同志，彭说不能写。我说，可否找总理，彭说不可。会议期间，少奇同志上午找我去，下午就叫我写。我是毛主席的秘书，怎么好干。我实在出于好意。毛主席听了说："唉！原来是这样。"刘少奇同志为这件事批评我，搞得很紧张。周总理转了弯子，说不能怪乔木一个人，全党都是那样。我感到没有办法，搞得神经衰弱，向邓小平同志请假。

庐山会议根本不对。后来毛主席给彭德怀分配工作,到三线。当时毛主席说了一句话:1959年庐山会议的争论,可能你是正确的。说毛主席不后悔,很难说。他后来所以对阶级斗争忧心忡忡,还有一些历史原因:蒋介石要反攻大陆,苏联要参加军事封锁。

乔木同志写回忆录的问题,同我们三人几次谈话只是开了个头,都是采取漫谈的形式。我写的这些,完全是根据我当时的个人记录,基本上保持原貌。后来乔木同志另外组织了一些同志,帮助他写回忆录,思路可能有些调整,经过整理,在他去世后的两年,于1994年出版,题为《胡乔木回忆毛泽东》。

七、谆谆的教诲,殷切的期望

1991年5月,我被中央任命为中央文献研究室主任。同年8月7日,按当时规矩,代表中央分管中央文献研究室的胡乔木同志同我谈话,地点在北戴河。

胡乔木同志一开头就说:你的工作,我看是新的也是旧的,变化并不太大。李琦同志退居二线,你的担子比原来重了。对文献研究室的工作要研究一下,哪些工作进行得有效,哪些比较差,哪些确有必要,哪些应分到别的部门。任务重,过分紧张不是好办法,不是长远之计,不利于干部的提高。太忙了,学习时间就少了。你们的工作,很细,很认真,但有时有些重要问题考虑得不周密，要研究改进的办法。要抓住重要问题，把次要问题尽量减轻，或者分给别的部门去做。要改变过忙的情况，仅靠增加人力不是办法。要养成好的学风，提高工作质量。对目前状况一定要谋求逐步改进。文献研究室的作风是严谨的，在党中央有很高的信誉。你的任务比以前重了，一定要有时间学习，没有充分时间学习就不能提高，这对于你，对于文献研究室的工作都有影响。要多读点书，最好能博览群书。不仅学，还要思考，这样才能提高水平。你年龄也不小了，要力求提高一步，上一个台阶，并带动文献研究室上一个台阶。这是对你的主要要求。我对你的工作是信任的，满意的。你对我的帮助很大。

乔木同志话题一转，谈到他自己写文章的情况。他说：我写那篇文章（指《中国共产党怎样发展了马克思主义》）很吃力。萧伯纳九十多岁还写剧本，托尔斯泰也写到很晚。我现在的年龄比当年的他们不算大，但写作精力差了，写不出50年代写的东西，如《再论无产阶级专政的历史经验》《西藏的革命和尼赫鲁的哲学》这两篇。我新写的这篇文章，有眼力的人可以看出比较粗糙，高低不平。但这样的文章没有人写，使我感到很担心。我们党是一个大党，唯一真正坚持马克思主义的大党。苏联过去是经济大国、政治大国，也是理论大国。苏联现在不讲马克思主义了。不能指望别的国家，一定要自己力求提高。

话题又转到对我的要求：你把工作秩序研究一下，要一层一层地压担子。

最后，乔木同志提出，要准备出《毛选》第二版。他说：虽然毛主席说过"我的文章就是这些了（指《毛选》1—4卷。——引者注），谁要是再加，我就变成厉鬼打死他"。我们不能搞"两个凡是"，《毛选》还要扩大。两个方案：（一）编一本电报，编一本书信集（个人的通信）。毛主席有大量的文章是很好的，没有编入《毛选》，这对于进行毛泽东思想教育有很大的限制。许多书信、电报写得很精彩，《毛选》里看不到。

这里，我想特别说一说，乔木同志对我个人写作方面的帮助。我有几篇文章是经他修改或审定后发表的。拿《毛泽东和他的秘书田家英》来说，他仔细修改了两遍，一次在北京，一次在上海，还多次通过信件和电传来告诉他的修改意见。文章经他一改，大为增色，思想性大大提高了。他加写的话，往往是在关键的地方，其中有抒情的，也有思想理论方面的，而后一方面更重要，更有价值。下面举一些例子。

文章在写到毛主席审阅《毛选》第四卷特别兴奋的地方，乔木同志加了一句话："'想当年，金戈铁马，气吞万里如虎'的意气，油然而起。"在这里他引用辛弃疾《永遇乐·京口北固亭怀古》词中的这句话，用得非常精当，相当准确地刻画了毛主席当时的心态，使人读来回味无穷。

在我称赞《毛选》第四卷文章的地方，乔木同志紧接着加写了一句话："既有高屋建瓴、势如破竹的雄劲，又有行云流水、议论风生的韵致,刚柔相济,情文并茂。"文章在介绍毛主席为《中国农村的社会主义高潮》一书所写按语的情况的地方,乔木加写了一段很有分量的评语:"尽管这些批语单独看来可能很有道理,但是就全体而论,对于合作化这个本来是合乎农民需要(但要根据自愿互利原则逐步发展)的进程,加以人为的加速,拔高又拔高,客观上却是在命令主义的产物之上又加上新的命令主义。""也应指出,少数批语的内容是长期有效的。"

文章在讲到农业合作化的胜利助长了毛泽东同志的自信之后,乔木同志加写道:"这不但促使'过渡时期'提前结束,而且成为尔后出现'三面红旗'及其一系列后果的不祥的先兆。"几句话概括了极为丰富的内容。

在讲到人民公社一出现就引起毛泽东极大兴趣和关注后,乔木同志加写了这样一段话:"这是因为人民公社本是毛泽东想象中的农村乌托邦,他没有想到,他的乌托邦被陈伯达在北京大学讲了出来,这个讲话又被发表在当时刚刚出世的陈伯达本人主编的党中央理论刊物《红旗》上(《红旗》也是在毛泽东再三督促下问世的),也就不胫而走,也就有一些人异床同梦,人民公社居然堂而皇之地成为当年中国农村的'新生事物'。"

在讲到毛泽东同志始终坚持人民公社以生产队为基本核算单位的地方,乔木同志做了一个重要的补充,写道:"不过从一九六三年的'四清'运动开始,直至'文化大革命'结束,在农村中割'资本主义尾巴',使得农民愈割愈穷,这就不是队为基本核算单位所能解决的了。"

在讲到《二十三条》的地方,乔木加写了这样一段话:"一九六四年,毛泽东出于对第二个'后十条'的不满(这种不满当时在党内已经广泛存在),主持制定了《二十三条》,意在纠正前者的错误。但是它实际上并没有达到预期的目的,因为它仍然错误地估计了国内社会政治形势,并且提出了反对'党内走资本主义道路的当权派'的错误纲领,这个错误形成了'文化大革命'的理论根据。"

在文章的结尾,乔木同志加写:"毛泽东思想仍然是马克思列宁主义理论与中国革命实践相结合的产物。毛晚年犯了严重错误,表明他自己背离了毛泽东思想的科学民主原理转入空想和专断。田家英所以能在工作中做出一些成绩固然得力于个人的非同一般的努力,而从根本上说,仍然是他忠实于毛泽东思想,正确地执行了毛泽东的教导和指示的结果。"

乔木同志加写的这些话,是对建国以来某些历史问题做出的精辟分析和科学概括,对我们写建国以来的历史和毛泽东传记都有重要价值。我想,凡是熟悉乔木同志文笔的人,一眼就会看出这些精辟的分析、独到的见解和优美的文字是他写的。

有人说,一篇文章,经乔木一改,哪怕是改几句话,加几句话,甚至只是改几个字,就大为改观。我看这话一点也不夸张，大凡在乔木同志领导下工作过的同志，都会有同感。在这方面，他从来没有吝惜过自己的时间和精力，而这些都是一般读者所不知道的。乔木同志在写作上的功力，反映了他在马克思主义理论修养方面，在文学修养方面，在知识容量方面，在对党的历史经验的熟悉和理解方面，以及在概括和分析问题的能力方面，非同一般的水平。

今天，翻开我那篇文章的底稿，看看乔木同志用圆珠笔、钢笔、红铅笔、黑铅笔在上面所作的修改，再看看他为修改这篇文章给我写的一些信，我的心情很难平静，这字里行间凝聚着他的思想、情意和透辟的析理，引起我对他的深切的怀念和感激。

八、弥留之际的嘱托

1992年9月14日上午，邱敦红同志打电话给我，说乔木同志病情恶化，要我一个人去看望他，看他有什么话对我说，时间约在次日上午8时。晚饭后，邱敦红又来电话，说：今天下午，薄老、力群同志去看望乔木同志，力群同志提出为乔木写生平，准备后事，要你负责，由写胡乔木回忆录的班子起草。

1992年9月15日上午8时，我到305医院看望乔木同志。他近一周以来，一直处于昏迷状态。昨晚9时，突然精神好起来，还要东西吃。我到床前，紧紧握住他的手。他说："毛主席的一首诗《托洛茨基到远东》要收入《毛泽东诗词选》。"在此之前，乔木同志的秘书徐永军同志曾打电话给我，说乔木同志要他转告我："现在苏联已经解体，当年毛主席写的一些批评赫鲁晓夫的诗《托洛茨基到远东》等可以收入《毛泽东诗词选》。"临走时，我对乔木同志说："您好好休养，祝您早日恢复健康，以后我再来看您。"乔木同志始终精神很好，笑容满面，很高兴，只是说话有些不清楚。乔木同志临终前还惦念着毛泽东诗词的事，可见他对毛泽东诗词是何等的重视。

下午，到中顾委办公处，与黎虹（胡乔木的秘书）、郑惠、石仲泉三人，研究写胡乔木生平问题。

1992年9月28日凌晨3时，黎虹打电话叫我到305医院。当时乔木同志已停止呼吸。我一到医院，经抢救，乔木同志又恢复了呼吸。我和谷羽、方铭（乔木的妹妹）、乔木的子女、黎虹，坐在乔木同志床前。黎虹说，要对《胡乔木生平》加一个意思：乔木同志1983年8月1日倡议身后将遗体交给医学利用，后又提出，在他去世后将眼角膜捐献出来。我凌晨4时回来，对乔木同志往事的回忆，一幕一幕地浮现出来。乔木同志于晨7时16分永远离开了我们。

我把乔木同志看作自己的恩师，他给了我许多激励和教诲，我从他身上学习和汲取了许多宝贵的东西。乔木同志已经离开我们多年了。作为他的一名学生和晚辈，我深深地怀念这位亲近的老师和前辈，并将永远向他学习！

在胡乔木塑像揭幕式上的讲话[*]

今天,在胡乔木同志诞辰八十五周年的日子,盐城市委和市政府在这里举行胡乔木塑像揭幕仪式,纪念和缅怀胡乔木同志,这是很有意义的。

中国共产党在长期的革命斗争中,在各个战线上培养和造就了一大批优秀的杰出的领导人才。就思想文化这个战线来说,胡乔木同志是其中出类拔萃的一个代表。他虽然没有处于党和国家最高的决策地位,但是他为党中央起草的许多重要文件,他撰写的大量政论和理论文章,对中国革命和建设事业起了巨大作用,在思想文化领域里产生了广泛而深远的影响。他在研究和宣传毛泽东思想方面成绩卓著,他的中共党史著述具有开拓性和奠基性意义,他对党的文献工作做出了历史性贡献。他所做出的一切贡献,人民是不会忘记的。

乔木同志一生追求真理。他对马克思主义的信念是坚定不移的。他从来不把自己的思想停留在一个地方,从来不拘泥于

---

* 这篇文章发表在《党的文献》1997年第4期。

马克思主义的个别词句，不墨守成规，而是随着时代的变化，实践的发展，科学技术的进步，不断地汲取新的知识，关注新的实践经验，研究和思考新的问题，提出新的认识和新的判断，从理论上和政策上向党提出顺应时代潮流、合乎人民需要的建议。

乔木同志忧国忧民。他有强烈的政治责任感，他把自己的命运同党和人民的命运紧紧地联结在一起。"先天下之忧而忧，后天下之乐而乐"，这是自古以来中国知识分子的一个优秀传统。乔木同志做到了这一点。当人民快乐和高兴了，他却总是又在为解决实际生活中提出的新问题而思考，而忧虑。

乔木同志是一位受人尊敬的师长。他言传身教，诲人不倦。凡是在他领导下工作过的或受过他的影响的同志，都感到他的可亲、可敬。他帮助别人，或者为之修改文章，或者给以工作指导，从来没有吝惜过自己的时间和精力，即使在重病缠身、精力不济的晚年，也是这样。

乔木同志在思想理论方面，在人品道德方面，在辞章修养方面，特别是在总结党的历史经验和思考社会主义事业中的新问题方面，给我们留下的财富是宝贵的，我们应当很好地学习和研究。

胡乔木同志将作为一代革命家、思想家、理论家和学者，永垂青史。我们永远怀念他！

高深的理论修养　厚重的史学功底*

胡绳同志是当代中国最有影响力的马克思主义理论家之一，是我国学术界的一代宗师。他以治学严谨，博学多才，著述丰厚而著称于世。他的著作影响和教育了几代中国青年，许多青年就是通过阅读他的文章和一些小册子而接受马克思主义并走上革命道路的。比他晚一辈或者更年轻一些的理论工作者，很少没有受过他的影响和熏陶。

胡绳同志的写作生涯，从20世纪30年代到90年代，已经走过了六十年的历程。这是中国社会发生急剧变化的六十年，是中华民族从衰败到振兴的六十年，其间充满复杂而曲折的斗争。在这个社会历史大变动中，胡绳同志始终把自己融入中国共产党领导的人民革命事业、建设事业和改革事业中，他的写作生涯与此息息相关。他不知疲倦地宣传马克思列宁主义，宣传马克思列宁主义与中国实际相结合的毛泽东思想和邓小平理

---

* 这是作者1998年12月22日在中国社会科学院举行的《胡绳全书》出版座谈会上的发言，发表在《党的文献》1999年第2期、《中共党史研究》1999年第2期。

论，同时对损害革命利益和人民利益的错误思想进行坚定的又极有说服力的批评和揭露。正如他说的："我一生所写的文章，虽然有一些可以说有或多或少的学术性，但是总的来说，无一篇不是和当时的政治相关的，当然这里说的政治是在比较宽泛的意义上说的，可以说是'纯学术性'的文章几乎没有。"[1]我认为，这正是胡绳同志作为一代杰出学者的可贵之处，也是他的文章为什么会在广大读者里头发生那么大的影响的主要原因所在。你读他的文章，总觉得他讲的都是跟自己有关的，而且往往是一些自己思想上想要解决的问题，而从他的文章中得到了满意的解决。

胡绳同志鲜明地表示，他从事的学术研究工作和写作工作，是以马克思主义为指导的。他认为，其所以如此，不是因为应当这样做，而是因为需要这样做。他从自己长期的实践中深深地体验到，只有马克思主义，而不是什么别的主义或学说，能对他研究的理论问题和学术问题给以科学的指导，提供正确的立场、观点和方法。

正像当年毛泽东同志所说的那样："我们说马克思主义是对的，决不是因为马克思这个人是什么'先哲'，而是因为他的理论，在我们的实践中，在我们的斗争中，证明了是对的。我们的斗争需要马克思主义。"[2]

---

[1]《胡绳全书》第3卷（上），人民出版社1998年版，第3页。
[2]《毛泽东选集》第1卷，人民出版社1991年第2版，第111页。

胡绳同志以无可辩驳的事实和科学的论证，说明马克思主义是发展的理论。正如他说的，马克思主义如果不能随着实践的发展而发展，就停止了生命，成为僵死的教条。胡绳同志满腔热情地研究、阐发和宣传作为马克思主义在中国的运用和发展的毛泽东思想，同样的，他满腔热情地研究、阐发和宣传作为马克思主义在中国发展新阶段的邓小平理论。1995年他在七十七岁高龄时说过这样一段话："在20世纪快要结束的时候，我们略微回顾一下这些发展和变化，可能就会感到马克思主义已有的发展还不能和现实生活相适应，因而感到发展马克思主义是每一个真诚的马克思主义者所应该担负起的任务。"[1]这是一个马克思主义老战士发自内心的真诚的渴望和追求。通观胡绳同志六十年的著述，不难看出，他自己正是努力这样做的。

胡绳同志是理论家，有很高的理论修养。他又是历史学家，有十分厚重的史学功底。他长期工作和战斗在党所领导的思想文化战线上，建国后又参加中央的一些重要文件的起草工作，对现实情况有全局性的了解。这诸多方面的优势，使得他的著述具有许多别人所不及的地方。在他的著述里，理论与实际相结合，历史同现实相贯通，旁征博引，条分缕析，特别具有说服力。他的政论文章具有凝重的历史感，他的历史著作又具有强烈的现实性。这一点，很多同志都指出来了，我也深有同感。

胡绳同志文章的突出特点是说理，长于分析。他对所论的

---

[1]《胡绳全书》第3卷（上），人民出版社1998年版，第245页。

事和人，从不简单地加以绝对肯定或绝对否定，也不作非此即彼、非彼即此的判决。比如说，关于中国近代史中的有些问题，他与有的史学家的看法不同。在讨论的时候，他并没有把对方的观点全部加以否定，不是说对方连一点道理都没有，而是把问题放在一个较长的历史发展过程中，从分析当时的具体条件出发，说明为什么对方的观点从总体上说是站不住的。他这样的分析和论述，对方不一定能够认同，但是读者包括史学界的多数人却是能够接受的。

胡绳同志在研究一个问题的时候，常常提出一连串的"为什么"。回答这一连串的"为什么"，就是从多方面分析问题。可以用他对薄一波同志《若干重大决策与事件的回顾》一书的读后感为例。薄老在书中说，这十年"是我们探索适合中国情况的社会主义建设道路而经历的一个艰难曲折的时期"。胡绳说："这个断语是需要论证的。为什么必须经过一个探索时期呢？究竟是探索，还是盲目地乱闯呢？在探索中有没有什么积极的成果呢？又为什么有那么多严重的失误呢？而且为什么积极成果为失误所掩盖了呢？这种探索究竟有什么历史意义呢？它和1978年以后的新时期有什么关联呢？今天回顾这十年的探索，特别是探索中的许多失误，可以得到什么经验教训呢？"[1]对这一连串的提问做出了回答，那么，对问题的分析就会是透彻而周密的。胡绳同志往往在人们没有注意到或者没有想到的

---

[1]《胡绳全书》第3卷（上），人民出版社1998年版，第170页。

地方，提出问题，并讲出自己独到的见解，使人豁然开朗，感到耳目一新。

胡绳同志长于分析，善于说理，这大概是由于长期在国民党统治区做文化工作的缘故吧。他说："在当时的历史条件下，马克思主义处于被压迫的地位。马克思主义者参加百家争鸣，不可能采用打棍子、戴帽子的简单的方法（如果用了也没有任何效果），而只能具体地进行分析，认真地讲清道理。"[1]这段话，对于在马克思主义处于指导地位的今天在理论宣传战线的工作者来说，是很有启迪和教益的。

现在有些理论文章，人们不大爱读，感到空洞，枯燥乏味，只是重复一些别人说过多遍的话，缺乏自己的分析，缺乏自己的论证。读胡绳同志的理论文章，就完全是另外一种情况。他以科学的态度，深刻的思想，独到的见解，精辟的分析，严密的逻辑，清新优美的文字，娓娓道来，引人入胜，令人读起来欲罢不能。他善于用通俗的语言说明深奥的道理，用简练的文字解析复杂的问题。

胡绳同志在哲学、历史和社会科学的其他方面都有重要建树，他的学识涉及广泛的领域。特别是在中国近代史和中共党史方面，他有很高的造诣和特殊的贡献。胡绳同志在我国思想文化史上，占有重要地位。他的著作，对于研究30年代以来的中国思想文化史的同志来说，是不可不读的，对于向人们进行

---

[1]《胡绳全书》第1卷（上），人民出版社1998年版，第19页。

马克思主义教育、中国近现代史教育和爱国主义教育，又是重要的教材。今天，由作者亲自编定的《胡绳全书》的出版，这无疑是思想文化界的一件令人高兴、值得庆贺的事。《胡绳全书》是一部传世之作，是作者留给中国人民的一笔重要精神财富。

胡绳同志教我们怎样读书做学问*

2000年11月，胡绳同志离开了我们。当时，我和金冲及同志从北京赶到上海，同他做最后的告别。转眼间，一年过去了。在今天这个纪念他逝世一周年的座谈会上，我想讲讲这样一个题目：《胡绳同志教我们怎样读书做学问》。这只是一些片段的回忆，但多少也能反映出胡绳的一些学术思想和学术活动。

我曾两次在胡绳同志领导下工作。一次是50年代在中央政治研究室，一次是80年代初在中央文献研究室。在中央文献研究室这一段，接触得更多一些。这两天，翻了一下我的笔记本，找出当年胡绳跟我们谈话和他在机关里发表讲话的一些记录。今天重温这些东西，仍然觉得很有意义。

胡绳是一位博览群书的大学问家。有一次，他给我们讲读书问题，谈了很多新鲜的意见，其中给我们印象最深的一点，就是"要养成快读的能力和习惯"。他说他就是一个读得快的

---

* 这是作者2001年11月5日在中国社会科学院召开的纪念胡绳逝世一周年座谈会上的发言，发表在《党的文献》2002年第2期。

人，看小说一类的书，一个小时可以读五万字，至少三四万字。搞党的文献工作的，读文学书很重要，如《红楼梦》《水浒传》《三国演义》等，可以浏览，但一定要读。有些书不一定每字每句都看，跳着看也可以。要养成快读的能力和习惯，读的书要品种多，花样多。对重要的书当然要精读细抠。马列著作一定要读。他们的著作，有些是每一句话都下了功夫的；有一些则是讲演记录，一般地说对这些可观其大意。有的马列著作要细抠，要反复读，隔几年看一次。1958年在中央政治研究室，我重新读了些马列的书。年纪大了的人重温格言，味道不同。

　　说起中央政治研究室读书的事，至今还使我有些怀念。半天读书，半天工作，上至胡绳、田家英两位副主任，下至我们这些普通研究人员，一概如此。主要是读马列著作。作为中央的一个专门研究机构，这对于提高干部的理论水平，确是一个好办法。当时我被编在经济组。有一次胡绳到我们那里，看大家都在读《资本论》，他说，读《资本论》，不在于记住多少公式，主要是通过读《资本论》，学习科学方法，提高抽象能力、概括能力和分析能力，只要认真读，这些能力就会潜移默化地得到提高和锻炼。这大概是胡绳的经验之谈吧。他在1941年就系统地读过《资本论》。话虽不多，却说到了关节点上，对我启发很大，因而一直没有忘。

　　人们都称赞胡绳的文章最大的优点和特点是长于分析和说理，所以都喜欢读。他所以能够做到这一点，因为学问深、知识广、思路宽、理论水平高，这是没有问题的；同时跟他的经历，跟他长期所处的环境也有很大关系。他长期在国民党统治区做文化宣传工作，他说在国统区写批判文章，必须讲道理，不能靠引证马克思主义。他写的批评钱穆的一篇文章的好处，就是不摆出左派的架势，而是说理。现在的批判文章可以引证马列，但也不能只靠这个，不能靠马列语录吃饭，还是要认真分析，讲道理。他还说过，抗日战争时期党提出统一战线政策，对他们那一代人是很大的教育和锻炼，促使他对问题要作分析，不能是说好就好，说坏就坏。

在中央文献研究室，胡绳领导我们编毛泽东著作，这项工作不能不涉及对毛泽东的评价、对建国后这段历史的评价，特别是编毛泽东建国后的著作。当时他谈了一些认识，这不论对编毛泽东著作，还是研究毛泽东的生平和思想，都很有启发。他就是用分析的方法，使你很信服。关于对毛泽东的评价，他说："毛主席是中国历史上的伟大人物。有错误，但不能简单地都归到他一个人身上，当然他的责任更大。党的优良传统、作风的形成，还得归毛主席，当然也不是他一个人，但他起了最大作用。""1957年以后，毛主席这一时期的活动，必须作分析，有错误的，有正确的，有错误与正确混杂在一起的。作为理论家来说，他最辉煌的时期是抗日战争到解放战争时期。解放以后，他研究现实提出许多杰出思想，如关于正确处理人民内部矛盾问题，但缺少理论性的阐述。错误的东西没有系统论证过，正确的也缺少系统论证。许多讲话是语录式的。"胡绳还说："从1927年到1956年30年是毛主席最辉煌灿烂的时期，发表了那么多好的思想，在实践中做出那么大的事业，很了不起了。1957年以后，毛主席的思想没有凝固，还在不断地探索。""在辉煌时期，他的思想与全党的活动确实是紧紧联在一起的。到老年时期，就跟实际，跟整个党脱离了。研究毛泽东，包括他的错误也要研究。他的失足，作为历史教训也是很重要的，要研究在哪些地方失足，为什么失足。毛泽东这样的人物，要几代人去研究。"关于对建国后历史的看法，胡绳说："从1949年到1956年，主要是恢复经济，进行社会主义改造。社会主义改造虽然过急，但是一件伟大的工作，从私有制转到社会主义基础上。社会主义改造不是主观的。开始毛主席可能准备时间要长一些，后来由于形势的变化，资本主义没有法子发展，私人资本主义企业生产条件落后，资本家不可能投资，只能依靠国家，同时又搞'五毒'，这就不能不进行工商业改造。农业，长期保留个体也不可能。所以，这七年的问题，虽然思想界有些异议，但总地说，全党是肯定的。复杂的是1957年至1966年怎么看。现在看，不能说都搞糟了。现在四化的物质基础与旧中国大不相同，很大一部分是这十年中建设起来的，这十年中犯过错误，如'大跃进'，但大部分时间基本上是正确的，各项建设成就是大的。有人说，这十年也是路线错误。不能说这十年党在一贯地犯错误。搞社会主义没有现成模式，起初用苏联的,感到不行。找新道路是不容易的,犯了许多错误,经过许多挫折,出现了反复。说成绩,对错误也不能不作充分估计。1957年以后,毛主席一方面说,要转到经济建设上来,讲技术革命;另一方面,又特别强调阶级斗争。这十年,以毛主席为首的中央,探索社会主义建设道路,犯了严重错误,也做出成绩,这是主要的。不然,中国社会主义发展道路就无法说明了,无法解释今天的状况——有了前进的基础。"

胡绳这些话,简洁明了,处处体现了分析的方法,因而是有说服力的。这些见解,同邓小平同志有关的意见以及中央作出的《关于建国以来党的若干历史问题的决议》的精神,是一致的。他对一些问题的认识后来又有深化和新的发展,但他在80年代发表的这些见解,对于研究毛泽东、研究建国后的历史,包括研究胡绳本人的思想,都是有价值的。

关于如何写文章,胡绳也跟我们讲了许多精彩的意见。他说,写文章,简练是很难的事,就是要把复杂的思想,用最短的篇幅写出来。叙事也不容易,用简练的话把该交代的事情交代清楚,又不枯燥,还要生动,很不容易,有时甚至比发议论还难。议论也有难处,有时不知议论该怎么发,摆怎样的层次和逻辑。要找到一个最简单的逻辑把问题说清楚,对繁杂的事情用简明的逻辑表达出来,常常是不容易的。写文章要有重点。着重点要认真做,次要的撇开一些。没有重点,平铺直叙的文章,看起来很讨厌。叙事、议论都是如此。写文章,还要讲究修辞，语言要丰富。理论文章虽然不是形象化的，但可以有形象化的描写，不是干巴巴的。胡绳引了毛泽东在《论联合政府》中写大革命失败后那段历史的话："中国共产党和中国人民并没有被吓倒，被征服，被杀绝。他们从地下爬起来，揩干净身上的血迹，掩埋好同伴的尸首，他们又继续战斗了。"他说，写得多么概括，生动！这种富于感性的形象化的描写，是一种功力。《论人民民主专政》也是如此。他还说，写作基本上还是思想观点问题。现在经常讲要有什么突破，但要注意把继承和创造联系起来。要批判，还要注意吸收。要继承马克思主义的优良传统，科学的观点、方法和根本论点。研究一个问题，要了解前人说过什么，如果不了解，随便翻案，不一定出好文章。不能把马克思主义好的东西继承下来，很难说突破。对一个正确的观点能给以超过前人的发挥，就是创造。不好好总结过去的东西，随便发表自以为是突破的东西，不行。

　　胡绳这些言简意赅的话说得多么好！

　　胡绳在中央文献研究室担任领导工作期间，主持编辑毛泽东的著作资料，为研究毛泽东思想，为写毛传、写毛年谱，做了非常重要的准备。这是他的一大贡献，他为此而付出了很多心血。他还指导我们编了《毛泽东农村调查文集》。在领导我们编书的过程中，我深深地体会到，在胡绳身上，既表现出一个理论家的不平凡的思维能力，又表现出一个历史学家知识渊博的功底和考证史实的认真态度。

胡绳在中央文献研究室工作虽然只有三四年，但对中央文献研究室的贡献是很大的，包括业务上的指导和对干部的培养。曾经在他领导下工作的同志都很怀念他。胡绳不仅有学问，而且待人宽厚，公道正派，平易近人，又很大度。在纪念胡绳同志逝世一周年的时候，我代表中央文献研究室的同志表示对他深切的怀念。

严谨的学风　科学的态度＊

龚育之同志的名字，我在20世纪50年代初就知道了，也曾见过面。但真正同他接触是在1966年2月。当时，毛主席在武昌，委托彭真、康生、陆定一、王任重召开一个小型会议，讨论"二月提纲"和"七千人大会"讲话稿修改问题。龚育之同志随许立群同志参加"二月提纲"的讨论，我随田家英同志参加"七千人大会"讲话稿修改问题的讨论。那一次，我和龚育之交谈虽然不多，却给我留下很深的印象。他很稳重，一看就是个学者的样子。我还问他，你是不是龚定庵的后代？他说不知道。那时我不知道他是湖南人。当时的情景，至今仍清晰地留在我的记忆里。

一过就是十四年，到1980年我调到中央文献研究室，我们才又相见，并且在一起共事，直到1988年他调到中宣部。

＊ 这是作者2007年7月7日在中央党校邓小平理论和"三个代表"重要思想研究中心、中国中共党史学会等单位举行的龚育之同志追思会上的发言，发表在2007年7月24日《光明日报》。

在中央文献研究室八年的工作，是龚育之同志一生中比较重要的一段经历，恐怕这是他最喜爱的一个工作岗位。他对文献研究室的建设，乃至整个党的文献事业，是做出重要贡献的。他主持或者参与主持毛泽东、周恩来、刘少奇、邓小平的选集、文选、选读等项编辑工作。老一代革命家这些著作的出版，对于广大干部和群众学习、宣传、研究中国化的马克思主义和中共党史，起了极大的作用。特别是他参与主持编辑的《邓小平文选》第2卷、第3卷的出版，对于统一全党思想，提高全党认识，凝聚全党力量，开辟中国特色社会主义的伟大道路，发挥了至关重要的作用。

龚育之同志在文献研究室工作期间，他的精力更偏重于毛泽东著作的编辑和研究。他认为，要深入地研究毛泽东思想，首先要尽可能多地编辑出版毛泽东的著作，而人们又更多地希望编辑出版毛泽东建国后的文稿。在《毛泽东全集》暂无可能出版的情况下，他提出先将建国以后毛泽东的手稿、经毛泽东审定过的讲话和谈话记录稿，以及经毛泽东审定用他的名义发表的其他文稿编辑出版。这就是由他主持编辑的《建国以来毛泽东文稿》（共十三册）。收入这套书的文稿里，包含为实践证明是正确的判断和观点，也包含为实践证明是不正确或不完全正确的判断和观点。这为研究毛泽东思想、研究建国以来的党史和国史，提供了比较全面、相当丰富而可贵的文献资料。

在与龚育之同志共事的多年间，我直接而深刻地感受到他严谨的学风和科学的态度。在编辑工作中,他从不放过一个可疑的问题,一旦发现就锲而不舍地追究到底,非查个水落石出不可。《邓小平文选(1975—1982)》中收入一篇《答意大利记者奥琳埃娜·法拉奇问》。书出版以后,翻译家爱泼斯坦提出其中一些译文有问题。龚育之同志便派人到外交部找来录音仔细核对,同几位参加编辑工作的同志拜访爱泼斯坦,同他一起认真研究和校正译文。后来这本《邓选》再版时,即《邓小平文选》第2卷,就改正过来了。

文献室的同志有人说"老龚的眼睛特别尖",有人说他的脑子像电脑。经过多少人看过的稿子没有发现的问题,却被他挑出来;别人解决不了的难题他能解开。1983年出版的《毛泽东书信选》,收入了一篇毛泽东1936年5月25日给阎锡山的信,原件是中央档案馆提供的一份手抄件。其中有一句话:"敝军抗日被阻,然此至为昨,千回百折非达目的不止。""然此至为昨"是什么意思呢?编者们被憋住了,总也解不开。过了几天,终于被龚育之"破译"。他认为,"至"是"志"之误,"为"是"如"之误,是抄写者的笔误,一为同音字笔误,一为形近字笔误。改成"然此志如昨",就完全通了。"此志"就是信中所说的红军的抗日要求和决心。2003年10月,我们将一百三十万字的《毛泽东传(1949—1976)》清样送给龚育之同志,请他提意见,他欣然接受。当时他的健康状况不很好,还是十分认真地审读了全部书稿,提出许多很好的意见。其中就有一些别人没有发现的问题被他看出来了。比如，毛泽东第二次访苏期间，同哥穆尔卡一次谈话中，在讲到反对英美的反苏宣传还得靠打文字仗时说："你来我去，决不能对英美不还枪，这叫真枪善战。"正式记录就是这么印的。龚育之认为，"真枪善战"是"唇枪舌战"之误。我们一听，恍然大悟，无不佩服龚育之那个精细的头脑。又比如，《毛传》在评论毛泽东第一次访苏期间的中苏谈判时，说这中间尽管出现过一些曲折和不愉快的事情，但这毕竟是两个社会主义国家之间的问题。龚育之说当时中国还不是社会主义国家，而改为"社会主义阵营的两个国家"。

这只是想到的几个例子。看起来似乎不是什么了不起的大问题，但从这些事例中却可以看出龚育之同志做学问的态度和作风：认真、严谨、扎实、缜密、求是。他所以能够成就为一位优秀的理论家，有很多条件，如十分用功，勤于动脑，博览群书，知识面大，思路宽广；既懂社会科学又懂自然科学，既有历史眼光又有世界眼光，等等。但是最根本的还是有一个好的学风。他不是那种大而化之的所谓"理论家"，更不是那种夸夸其谈的所谓"理论家"。他有很强的思维能力和很高的概括能力而能写出高水平的理论文章；他同时又善于并且极有兴趣做党的文献的考据工作。一些看来似乎很"烦琐"的考证，他却做得津津有味，头头是道，无懈可击。其实，这是一项艰苦而很有意义的科学工作，需要掌握大量材料，具有广泛知识，用很大的功夫才能做好的。当然，龚育之同志并不是为考据而考据，而是为了澄清一些重大历史事实，有时还为了反击一些对党的文献仅靠猜测而没有根据地说三道四的外国学者。龚育之的考证文章同他的理论文章相得益彰。可以说，他的考证功夫，对他的理论创作是不可或缺的。

  我很喜欢读龚育之同志的文章。有内容，有见解，给人以知识，给人以启发。特别是他的文风，别具一格，带有鲜明的龚育之特色。他的文章，十分流畅，语句简洁，用词新颖，不落俗套，文字生动而形象，逻辑严密而精确。他写过一篇文章，驳斥有些外国学者关于《实践论》修改问题的一些没有根据的说法。文章以无可辩驳的事实为依据，进行了有力的反驳，然后说："囿于流行的成见，人们甚至可以看不见已经碰到他鼻子尖的真理。"文章就以《当真理碰到鼻尖的时候》为题。看了这个生动而形象的题目，人们大概都会产生想去读读这篇文章的冲动。龚育之同志善于用精练的文字概括、叙述丰富而复杂的内容，在这方面他是一个高手。所以读他的作品，总感到有分量，值得回味。从他的文章里很难找出什么空话、套话、大话一类的东西。他的文章，毫无八股调，毫不拖泥带水，读起来总是给人以清新明快的感觉，引人入胜。我觉得，在今天，大有提倡好学风、好文风之必要，好好扫除一下颇为盛行的党八股。在这方面，龚育之同志给我们树立了榜样，应当向他学习。

龚育之同志在理论方面做出的重要贡献是有目共睹的。我只想说两点，值得我们学习的。第一，他的不断追求真理的科学精神。这突出表现在他对马克思主义中国化及其发展过程的研究方面。他以中国共产党的全部历史（理论的和实践的）为依据，结合现实情况（国内的和国外的），进行理论探索，提出许多新的观点、新的表述和独到的见解，对这项研究开拓出一个新境界。第二，他在马克思主义理论的研究和宣传方面，始终贯彻并努力做到党性和科学性的统一。作为一名党员理论家，他十分注意党性原则。龚育之同志富有理论开拓精神和创新能力，又有遵守党的纪律的自觉性，他使两者比较好地结合了起来。

龚育之同志离开了我们，我们失去了一位才华横溢、对党的理论工作做出突出贡献的同志和战友，是党的理论战线上和党史学界的一个重大损失。我们永远怀念他。

附　录

揭穿《戚本禹回忆录》中的谎言[*]

——关于《在中南海工作的日子》部分

前不久，戚本禹在香港出版了一本《戚本禹回忆录》(以下简称《回忆录》)。原中共中央办公厅秘书室几位同戚本禹共过事的老同志，对这本书进行了座谈。他们是：

逄先知，1950年3月2日调入中共中央书记处政治秘书室。此室在中南海，后改为中共中央办公厅秘书室。

其他几位同志以及调入的时间，分别是：

吕澄，1949年8月9日，当时在香山。

沈栋年，1950年5月6日。

王象乾，1950年3月2日。

李公绰，1949年5月，当时在香山，是第一个帮助田家英处理群众来信的人。因年老体弱行动不便，此次座谈时，他通过电话表达意见。

---

[*] 这个座谈纪要，由逄先知、吕澄、沈栋年、王象乾署名，逄先知执笔整理。

除逄先知外，其他四人都是戚本禹在《回忆录》中所说的"八司马"成员。

以下是这次座谈的纪要。

座谈中，大家对下面几个问题形成一致意见。

第一，戚本禹是什么人？

我们同戚本禹都相处十多年，对他不是一般的了解。他很用功，爱钻研问题，有能力，能说会道。但毛病实在不少：极端个人主义，不择手段地尽力向上爬，总想出人头地，嫉妒心十分强，整起人来下手很狠，还爱拉帮结伙。他的这些毛病，在"文革"中恶性膨胀，发展到登峰造极的地步，成为北京市红卫兵"五大领袖"之上的"戚大帅"，干了许多天怒人怨的坏事。毛主席说"王、关、戚要打倒总理、老帅"，"不是好人"。周总理说："戚本禹是到处伸手的野心家。"陈毅说："不抓戚本禹，党心不服，军心不服，人心不服。"1983年11月，北京市中级人民法院以反革命宣传煽动罪、诬告陷害罪、打砸抢罪，判处戚本禹有期徒刑十八年。

戚本禹犯罪事实，人所共知，件件落实。以其自以为是的膨胀个性和根深蒂固的顽固立场，他对自己的罪行不思悔改，对给他带来"人生辉煌"的"文化大革命"无限留恋，也是不难理解的。

第二，戚本禹为什么要写这样一本《回忆录》？

大家一致认为,《回忆录》谎话太多。他在去世前抛出此书,给人的印象是要在身后留下所谓"真相",以此博得不了解那段历史的读者的好奇和好感,甚至是"同情"。但戚本禹的真实用心,却不这么简单,必须揭破。

一是他打着拥护毛主席的旗号,极力美化江青,为他自己"文革"中的罪行翻案。在戚本禹的所谓"回忆"中,许多老一辈革命家,无论他是否接触过,在他笔下都不是好人,让人觉得"文革"前的领导干部中,似乎真的存在一个庞大的"走资本主义道路的当权派",老一辈革命家应该被打倒。

二是他自吹自擂,抬高身份,洗刷罪行,为自己叫屈翻案。戚本禹写的"文革"前的内容,就一个主题:自己如何能干,同事们如何不行,自己如何受到毛主席的重视和江青的信任。写的"文化大革命"的内容,也是一个主题:处处为自己洗刷罪行,他犯下的恶行,似乎都事出有因,而且坏事都是别人干的,相反自己做了许多"好事"。

第三,《回忆录》叙述的事情有怎样的迷惑性?

确实要承认,戚本禹很会写"回忆"。可惜,他的才能在政治上没有用在正道,在《回忆录》里也是把假的说成真的,把道听途说的事情编得很圆,因此很有迷惑性。其迷惑性有三:一是,他在中南海有十八年的工作经历,又是"文化大革命"初期的"名人",介入了许多事,人们会认为他的回忆揭开了许多"秘密","有价值"。二是,他很善于编造一些"故事"情节,添枝加叶，用一些生动的语言，细致的描写，吸引读者的眼球。三是，戚本禹是笔杆子出身，有一套歪理，能把一些事情联系起来加以发挥，把"故事"讲圆，使之看起来很有逻辑。

戚本禹在《回忆录·后记》中，信誓旦旦地说："我更看重我在《回忆录》中描述的历史事实的真实性。史料的真伪应是研究历史的人最为看重的。我对《回忆录》中我所描述的历史事实的真实性负责。"但是，在当事人、知情人看来，特别是同中央档案馆保存的档案相对照，情况正好相反，而且很容易看出他的叙述破绽，很多都是谎言。

我们几个都是与戚本禹共过事的人。以下大体按照《回忆录》的顺序，按照他所讲到的一些事情，我们根据同他接触中所了解到的情况，并运用一些档案材料，来揭穿戚本禹的谎言，还原事实的真相，以正视听。至于他在"文革"中的种种更恶劣的表现，因为我们几个人在"文化大革命"中都受到迫害，有的还被长期关在秦城监狱，就只能期待熟悉那段实际情况的人来澄清了。

一、为毛主席读报、摘报的来龙去脉

1950年5月间，中共中央办公厅秘书室的工作分为两个组。一个是信访组，任务是处理群众给毛主席的信件；另一个是读报组，为毛主席读报，搞摘报，这是毛主席交给的任务。为此，每省的报纸都订了一份，按地区分到每个人。读报组组长是吕澄，组员有韩瑞定、戚本禹、张冠俦、马芷荪、逄先知等。除戚、逄外，都是大学生。室领导彭达彰分管读报组，办了一个内部资料《读报摘要》。每一个人分看一个地区或两三个地区的报纸。各人把当天阅读过的报纸中认为重要的内容摘出来，交彭达彰选择、汇总、定稿，打字送毛主席。

关于读报摘报的情况，《回忆录》专门列了一章，写了一段很长而又很详细的文字，不知情的人很容易受骗。

《回忆录》说：

> 当时，我主要负责阅读、摘录华北地区的报纸，如《石家庄日报》、《河北日报》、《山西日报》等。当我看到《山西日报》上一篇关于山西省农民合作化的报道后，就把它送给主席了。这篇报道主席划得满篇都黑了。这份报纸应该不会销毁的，主席虽然没批话，但满篇有划道，有划圈，要能找出来，那就是一份很重要、很珍贵的历史文件。李顺达就是在50年代的合作化运动中，成为全国劳动模范后闻名全国的。还有山西申纪兰搞合作化的事迹，也是我报告上去之后，引起主席重视的。其他地区的报章，由秘书室其他人负责，但我有时也浏览，凡看到农村出现新富农、出现新的两极分化的情况，我立即把有关报道

报告上去了，这类报告主席都会划圈。

又说：

　　我这个中学生搞的报告，主席划圈最多，有的还批示转发下去，而名牌大学的高才生搞出的东西主席看也不看。这个情形引起了副主任彭达彰的注意。田家英开始重视我也是从这时开始的，因为我搞的东西，主席退回来都经他手的，他看到了主席都划圈，而且还条条道道的。一次他对我说：你送的东西主席都看过，都划过。而且，更让他们奇怪的是，不光是这类重要事我送上去主席就划圈，而且别人送上去的一些名人轶事主席不看，而我送上去的一些趣闻、轶事，主席却又喜欢看。田家英也奇怪，说我运气怎么这么好啊。他真没搞明白其中的道理，干脆我送的东西都不压，立即送主席。

　　吕澄、逄先知都是读报组的。王象乾当时管打字和收发工作，一切上报的和毛主席批下来的东西，都要过他的手。当时，只报送《读报摘要》，不送报纸。戚本禹却说，他看到《山西日报》上有一篇山西省农民合作化的报道后，将报纸送给了毛主席，"这篇报道主席划得满篇都黑了"。大家读到戚所说的这些，觉得十分可笑，戚本禹竟能如此厚着脸皮说谎话，编故事，把自己吹到天上，把别人贬得一钱不值。

参加座谈的同志回忆，报送毛主席的《读报摘要》都不退回，更未见过毛主席有什么批示，办了几个月就停了。为什么停呢？毛主席不满意。他还是得自己亲自看报纸，《读报摘要》不能满足他的要求。大家记得很清楚，宣布撤销读报组那天，秘书室主任师哲向读报组全体人员讲话。他很生气，说："我本来以为你们是钢筋水泥，实际是火柴杆，撑不起来！"这个"你们"当然包括戚本禹在内。彭达彰当即做了自我批评。

关于《读报摘要》停办，戚本禹是怎样说的呢？他说：

> 新华社知道了主席经常要看报摘，就说他们掌握的情况更多、更全面，应该由他们来为主席搞报摘。彭达彰一听就说，那好啊，你们能弄那最好了。我们人手不够，你们弄了，我们给你们送主席。这之后就诞生了新华社的《内部参考》，秘书室读报的工作就停下来了。

《读报摘要》报送范围很小，只送毛、周、刘、朱等，任何一位领导都未做过批示，新华社怎么会知道？关于《读报摘要》停办的原因，戚本禹讳莫如深，不愿意说实话。如果实话实说，他吹的那些牛皮就会炸开了。事实很清楚，新华社办《内部参考》同《读报摘要》停办是毫无关联的。戚本禹却凭空把这两件不相关的事扯在一起，企图掩盖毛主席对戚参与的《读报摘要》不满意这一真实情况。

二、1950年安徽大水灾，有灾民被毒蛇咬死，毛主席是看了谁的报告而落泪的？

《回忆录》说：

> 1950年夏天，淮河流域发生水灾，灾情百年不见，淮河也溃堤了，淮北地区陷入汪洋大海，安徽、河南两省有上千万人遭灾。当时，我特别关注有关报道和群众来信来电，就把读到的各种相关情况做了摘要交给领导，由他们向毛主席报告。毛主席在得知了有灾区的人民为避洪水爬到树上去、结果被毒蛇咬死时，难过得流下了眼泪，并在1950年7月20日批示：除目前防救外，须考虑根治办法，现在开始准备，秋起即组织大规模导淮工程，期以一年完成导淮，免去明年水患。

实际情况是怎样的呢？毛主席得知有灾民避水爬到树上被毒蛇咬死而落泪，是在1950年8月5日看了时任皖北区党委书记曾希圣等人8月1日的来电，而不是别的什么报告。这有档案为证。毛主席在曾希圣等人来电中的"被毒蛇咬死者"六个字下面画了一条横线。戚本禹竟然谎称毛主席落泪，推出治淮决策，是由于看了他的"摘要"。戚本禹硬把8月5日毛主席"难过得流下了眼泪"而做的批示，说成是毛主席1950年7月20日的批示。其实7月20日的批示，是毛主席看了华东防汛总指挥部7月18日的报告后做出的。这个报告里，并没有灾民在树上被毒蛇咬死的记载。戚本禹为了表功，就是这样不顾历史的真实，张冠李戴地胡乱编造。戚本禹分工阅读的是华北地区的报纸，安徽属华东地区，淮河流域大水灾的消息如果有报道，也应登在《安徽日报》和河南省的报纸上，这不属于戚分工阅读的范围。戚本禹不在信访组，怎么又会看到群众来信来电呢。可见，所谓他搞的关于安徽水灾"摘要"是没有的事。

戚本禹在《回忆录》中还说：

> 如果那时候每个同志……不能把全国各地群众生活的真实状况和群众中出现的积极的进步的社会变革思想，及时报告给主席，那当年治理淮河水患就不会有了，合作化在全国的推广也不会发生了。

戚本禹的这段话可不要小视，这是他编造谎言之后再加深问题，是"点睛之笔"。他的写法用的是假设句式，乍看起来好像并不显山显水，没有说到他自己怎么样。其实，这句话的真实意思是：正是我戚本禹将这些情况及时报告给毛主席，才有了当年淮河水患的治理和农业合作化的推广。戚本禹贪天之功据为己有，真是太不知羞耻了。

三、戚本禹是怎样管理毛主席图书的

《回忆录》把管书和编《毛泽东选集》作为先后接续的两件事来写。实际上不论是戚本禹还是逄先知，作为田家英的助手（当时不叫秘书），这两件工作都是同时做的。

关于管理图书，《回忆录》用了不小的篇幅进行了细致描述。他不去讲毛主席喜欢读什么书，要过什么书，却借管书这事自我吹嘘了一番。其中有几点肯定说得不对。

比如，戚本禹说：

毛主席还喜欢买书，他要买的书，有的是江青的警卫买的，有的是书店送来的，有的是田家英或其他人吩咐我买的。

逄先知说：根据我管毛主席的图书那十六年的亲历亲见，毛主席只是说要看什么书，从来没有说要买什么书，更没有江青的警卫去买书的事。毛主席的书主要是田家英带着我到旧书店去买，北京的琉璃厂、西单商场、东安市场、隆福寺、前门打磨厂等卖旧书的地方都买遍了。田家英出差到上海、杭州等地,首先要去书店为毛主席买书。有一次在上海,柯庆施来看望田家英,见到桌子上摆着很多旧书,柯批评说:"田家英,你净搞这些封资修的东西。"其实,田家英买的书都是毛主席喜欢看的。毛主席手不释卷的那部《二十四史》,就是田家英通过邓洁弄来的。戚说:"现在有人说,是田家英创建了毛主席的藏书室。不能这么说,因为那不是田家英有计划做的,而是毛主席喜欢读书的这么个推动力之下的一个自然积累的过程,是大家努力的结果。"这些话显然是针对我在《毛泽东的读书生活》中说的一段话:"这里要特别提到,为建设毛泽东的个人藏书室,田家英所做的贡献是不应当忘记的,他是花了很多心血的。没有他的具体帮助,建成这样的图书室是困难的。"戚本禹的说法,只靠"毛主席喜欢读书的这么个推动力"而没有人具体去做,图书室就能自然而然地形成吗?他说"是大家努力的结果",这个大家是谁?应该不包括戚本禹,他不但没有管好书,还把书给弄坏了。

又比如,戚本禹说:

主席曾说过:"我的书,警卫战士们都可以看的。"所以警卫战士来借书,我也都给办理,登记个名字就借出去了……《西行漫记》看的人本来就多,警卫战士和他们的家属也看。

逄先知说：我为毛主席管书，从来没听毛主席说过他的书可以随便往外借，连警卫战士的家属都可以看。到我那里借过书的只有李讷、毛远新、孔令华。毛主席非常爱惜他的书。在延安的时候，给他管书的一位同志把他的书弄丢了，主席很生气，批评了他一番，直到解放后他还提起这个事。有一次他发现《四部备要》中的一本书被老鼠咬了，问田家英是怎么搞的。从此田家英就养了一只猫。

戚本禹还说：

> 逄先知的历史知识有限，为了弥补他的这个不足，田家英就干脆把军委办公厅的老秘书、书法家陈秉忱聘请过来，帮助他补习历史知识和关于古典书籍的知识。

戚本禹又瞎说了。1954年，全国人民代表大会选举毛泽东为中华人民共和国主席，随即成立中华人民共和国主席办公厅，任命张经武（原任中央军委办公厅主任）为主任，田家英为副主任。陈秉忱从军委办公厅调到中华人民共和国主席办公厅，与逄为毛主席管书的事没有一点关系。从《回忆录》里看，戚是看不起管书这个工作的，但在这一章的文末又言不由衷地说"我虽丢掉了管理毛主席的图书这样一个光荣的工作"如何如何，并在字里行间，抬高自己，贬低别人。

王象乾说："戚本禹没有给毛主席买过书。他说毛主席的书通过他的手借给警卫战士看,也是没有的事。"

戚本禹在《回忆录》里编造了一个毛主席与江青共同批注《资本论》的故事。他说:

> 毛主席读过的《资本论》第1卷,从第1章开始就都是密密麻麻的批语。有的是《资本论》的重点,复述一下;有的是主席自己的看法,比如对商品该怎么认识;有的是他做评论。不仅主席看了《资本论》,而且江青也跟着看了,江青在上面也有批字,江青的字和主席的字有点像,但我能分辨。主席的批语已经是密密麻麻的,江青再一批字,就把那个书都批满了,空白都没有了。这也可以见证主席跟江青的关系是很好的。第2卷、第3卷主席批得比较少。

逄先知说:毛主席有一本解放前出版的《资本论》第1卷。毛主席在扉页写了两个年代:"1938年[1]""1867[2]——在70年之后中国才出版"。在《资本论》第1卷第2页上写着:"1867年距今[3]87年。"书内有毛主席用红蓝铅笔画的线,没有批语。这本书现在保存在中央档案馆。以上情况说明毛主席读过《资

---

[1] 这是郭大力、王亚南合译的《资本论》中译本出版的年份。
[2] 这是《资本论》第1卷出版的年份。
[3] 指1954年,是毛泽东读《资本论》的年份。

本论》，但使人百思不得其解的是，戚本禹会这样地胡编乱造。如果是为了驳斥有人说毛主席没有读过《资本论》，那也不能靠造谣的办法，而应当实事求是地说明毛主席读《资本论》的情况。当然，没有留下批语，不等于没有认真读过。戚本禹居然说"江青也跟着看了，江青在上面也有批字"，显然是捏造，戚本禹什么时候也忘不了吹捧江青。

四、关于编《毛泽东选集》

戚本禹在《回忆录》里说：

> 我离开管理毛主席的图书这个工作岗位不久，田家英就安排我参加编辑《毛泽东选集》的工作，具体任务是做校对和收发。毛主席在1949年12月底到1950年2月第一次访问苏联期间，就和斯大林商量过出版自己选集的事，回国后不久就打算让秘书室开始整理编辑《毛泽东选集》。1951年2月底、3月初，毛主席决定正式启动《毛泽东选集》编辑工作。编辑工作正式启动后，由刘少奇任"编辑委员会"主任。《毛泽东选集》编辑进度是很快的，1951年2月、3月正式启动项目，同年10月第1卷就出版发行了；1952年4月第2卷也上了书店的书架；1953年4月第

3卷也与读者见面了。我从头到尾参加了这三卷的编辑校对工作。

逄先知说：1950年8月，中央决定让田家英参加《毛选》编辑工作。不久，田家英就把戚本禹调去协助工作，同时做两件事，一是为毛主席管书，一是参加《毛选》校对等技术性工作。戚说，毛主席从苏联回国后不久就打算让秘书室开始编《毛选》。根本没有这回事，秘书室是专门处理群众来信来访的，没有能力承担编《毛选》的工作。戚还说，1951年2月底、3月初《毛选》编辑工作正式启动后，由刘少奇任"编辑委员会"主任。这又是瞎说了。刘少奇任毛泽东著作编辑委员会主任是1966年7月20日，怎么扯到1951年这里来了？《毛泽东选集》1—4卷出版时，编辑单位的署名用的是"中共中央毛泽东选集出版委员会"。这只是出书时使用的名称，并没有实际的机构。

逄先知是1950年11月调到田家英那里工作，接替戚本禹的。戚在田那里工作，为毛主席管书，校对《毛选》，前前后后一共只有三个月左右的时间。戚本禹却说：

我从头到尾参加了这三卷的编辑校对工作。当时完成的《毛泽东选集》一、二、三卷的标点符号，最后都是由我校对的。这也是文字基本功之一。把《毛泽东选集》一、二、三卷校对完后，我原来不会写的字会了,不会的文法也会了。自那以后我写起文章来,就轻松多了。后来我能写出一些有点气势的文章,可以说就是得益于这个时期校对《毛泽东选集》。校对完《毛泽东选集》一至三卷,我对毛主席的思想的领悟有飞跃性的提高,写起文章来就会自觉地、自然地去融会进去一些毛主席的思想,带着一点毛主席的风格。我那时的报告送上去,他看了喜欢,喜欢就批注,恐怕就有这样的道理在其中。

凡是做过校对工作的人都知道,校对时必须聚精会神,像对待"敌人"那样一个字一个字地校对,不能有稍许分心,更不可能分心去学习、理解文章的思想和文法,往往校对完了甚至连文章讲的什么意思都没有印象。如果真像戚本禹说的那样,他通过校对《毛选》就"对毛主席的思想的领悟有飞跃性的提高",那他肯定是一个不称职的校对者。这也许就是田家英不让他继续参加《毛选》工作的原因:不好好地搞校对。

总之,戚本禹用了那么多篇幅讲他参加《毛选》校对工作,目的是为了说他参加了《毛选》一至三卷全部校对工作。大家都知道,《毛选》一至三卷到1953年才出全,他只做过三个月的工作,怎么谈得上参加了一至三卷的全部校对工作?戚说"1951年2月底、3月初,毛主席决定正式启动《毛泽东选集》编辑工作",那时他早已离开田家英那里,由逄先知接手了。

逢接手，正是参加《毛选》第1卷的校对、抄写等工作。

关于《矛盾论》的修改，戚本禹又编造了一篇假话。《回忆录》中说：

> 《矛盾论》是主席在一、二、三卷中用功夫最多的一篇，改动也最多，它原来是毛主席1937年在延安抗日军政大学讲课的提纲，后来是把这个讲课记录稿印出来给全党学习。毛主席在准备这个讲课提纲的时候，经常和艾思奇一起讨论。这次编辑《毛泽东选集》收录此文，主席先是对照原来的讲课记录稿口述修改和补充，当时胡乔木、陈伯达、田家英都在场。田家英回来跟我说过，他记都记不下来，听也听不懂。

这段话首先违反历史事实。艾思奇到延安之前，毛主席在1937年8月7日已经写成了《辩证法唯物论（讲授提纲）》，《矛盾论》是这个讲授提纲的第3章第1节"矛盾统一法则"。而艾思奇是1937年10月才到延安的。毛主席在准备这个讲授提纲的时候，怎么可能在延安同远在国民党统治区的艾思奇经常一起讨论呢？毛主席修改《矛盾论》的情况，戚并不知情，居然也信口开河，瞎说一气，仿佛他真的很知道内情似的。毛主席修改自己的文章，尤其是像《矛盾论》这样的理论文章，从来都是自己亲自动手，怎么会口授修改意见让别人记录呢？看看毛主席从石家庄写给陈伯达和田家英的两封信吧。一封信中说："伯达、家英同志：《矛盾论》作了一次修改，请即重排清样两份，一份交伯达看，一份送我再看。论形式逻辑[1]的后面几段，词义不畅，还须修改。其他有些部分也还须作小的修改。"另一封信中说："家英同志：《矛盾论》的原稿请即送来。凡校对，都须将原稿连同清样一起送来。"这两封信说明，毛主席不但亲自修改，还亲自校对清样，哪来什么口述修改之事。这两封信的时间分别是1951年3月8日和3月15日。这时戚本禹早已经调去处理群众来信了，再也没有接触过编《毛选》的任何工作，他却偏要装得好像他在场并且一清二楚似的。他在这里乘机把田家英贬了一通，说田对毛主席的话"记都记不下来，听也听不懂"。田家英在延安马列学院学过哲学，当毛主席秘书也三年了，能是戚本禹所贬损、挖苦的那样吗？

讲到《论持久战》，戚本禹说得更离奇了：

> 毛主席《论持久战》的手稿，保存在中央档案馆，谁去调都调不出来，连总理都调不出来，我们要校对其中的一些文字，就必须亲自跑去档案馆。手稿是主席用毛笔写的，有的地方则是江青用钢笔誊写完了，主席再在上面改一改。这是怎么一回事？我后来去问过江青，江青跟我说，那是因为当年主席原来写的地

---

[1] 论形式逻辑这一部分，在收入《毛泽东选集》时被作者删去。

方比较乱了，她就在边上重新誊写一遍，主席再在她誊写的地方用毛笔作修改。

读到这里，感到戚本禹简直是在编造"天方夜谭"式的"神话"。《论持久战》手稿根本就没有保存下来。中央档案馆长期负责保管毛主席手稿的齐德平说，从未见过《论持久战》的手稿。很奇怪，戚本禹却能看到根本不存在的东西。他还特别看到手稿上有江青誊清的笔迹，真是痴人说梦。事实上，《论持久战》在1938年就已由毛主席亲自定稿，在延安出版了单行本。《毛泽东年谱（1893—1949）》记载，1938年6月27日，毛主席校完《论持久战》第一、第二部分清样，告知出版科《论持久战》拟出单行本。当时单行本大量印行，后来出版的晋察冀版、晋冀鲁豫版和东北版的《毛泽东选集》都编入了这篇著作。新中国成立后编《毛选》，根本不需要用手稿去"核对其中的一些文字"。戚本禹为了"证实"自己的话，在《回忆录》里写了一大段文字，据说是江青向戚本禹说的她如何精心护理毛主席写《论持久战》，说得绘声绘色，这就是戚本禹所说的《论持久战》手稿背后的"感人故事"。戚本禹无中生有地造出了一个《论持久战》的手稿问题，一是为了吹嘘自己，二是为了吹捧江青。但他弄巧成拙，暴露出《回忆录》中谎言太多，更使读者看破了那本《回忆录》究竟有几分真实性。顺带说一句，那时还没有中央档案馆，中央档案馆是1958年成立的。

五、关于群众来信来访

戚本禹在《回忆录》中说：

> 《毛泽东选集》搞得差不多了的时候，田家英找我谈话，说群众来信已经成堆，来信组人手不够，调你去当组长，你把手上的工作移交给逄先知，送审、校对工作都由逄先知代替。

戚本禹1950年11月间回到秘书室，由逄先知接替他的工作。那时，田家英参加《毛选》编辑工作才三个月左右，照戚本禹的说法，1951年2月底、3月初，《毛选》编辑工作才正式启动，怎么能说已经搞得差不多了？

关于戚本禹是否调去当信访组组长问题，沈栋年、王象乾说："戚本禹是1950年冬天回到信访组。信访组并没有组长，由彭达彰直接领导，下面由各人按来信内容分工处理。1952年开始，按来信地区分三个组，才设立组长、副组长职务。"

戚本禹做群众来信来访工作还是努力的，称职的，但他在《回忆录》里处处标榜自己，把别人的贡献揽到自己身上，又压低别人，甚至贬损周总理、刘少奇等同志和朱老总。

在讲到反映失业问题的来信越来越多时，戚本禹说：

我琢磨，这样一件件送不行，一件件解决也不行，应该给主席一个报告，讲清楚这个问题的严重性。于是，我就把失业工人的信拿来、把农民的信拿来、把其他什么人的信都拿来，综合在一起，把主要问题摆出，把统计数字搞准，写了一个关于市民和工人失业的专题报告。田家英看了说，写得不错，我们送上去，这一封信顶几百封信，主席就不用看几百封信了。田家英没改几个字就送上去了，用的是"中共中央办公厅秘书室报告"的名目。用这个名目给主席写报告，一般是年终报告，不是专题报告。我起草的这份关于失业问题的专题报告，恐怕是建国以来中办开先河的一次。

戚本禹在引了毛主席批示大意后说：

其实，总理当时掌握的情况比谁都多，比主席也多，可是，不知出于什么原因，他一直没给主席汇报。主席批了以后，总理马上就通知全国，起草文件，找人调查，全国开会。各地一看中央要重视了，都实话实说反映情况了。由于给主席的报告是我起草的，总理要我去参加会议，到各个小组去旁听。通过这件事，我亲身体会到了什么叫伟大领袖。毛主席的伟大英明不是像一些人说的是吹出来的。这个问题就摆在那里，那么多中央委员，包括总理、刘少奇、朱总司令，都同情工人，怎么没有一个人主动去想法解决？最后还是我们这些小秘书把情况反映到主席这里来了，主席批示了才重视起来，才去想法子解决。

参加座谈的同志，都知道戚本禹说的不是事实。王象乾说："关于秘书室向毛主席写报告分为总结性的即年终报告和专题报告，这样的大主意是田家英提出来的。田家英说，信访工作不仅处理具体问题，更要综合反映问题。要给中央起耳目作用，特别是把刚刚露出地平线苗头的问题，及时向中央反映。戚本禹说他写的关于失业问题的专题报告是建国以后中办开先河的一次，太自我标榜了。"

最早调去帮助田家英处理群众来信的大学生李公绰说："我们这些人从来没有起草过给毛主席的报告，这类报告都是彭达彰写的。"

戚本禹说报告是他起草的，总理要他去参加会议。大家说，以秘书室名义给毛主席的报告，从不署个人名字，周总理怎么知道是戚本禹写的，叫他去参加会议？在戚本禹笔下，在解决群众失业问题上所起的作用，连周总理等老一代革命家，还有那么多中央委员，都不如戚本禹这个"小秘书"，太狂妄了吧！

参加座谈的同志都在毛主席身边工作，为他老人家服务十几年，对毛主席有着深厚的感情，深切体会到毛主席十分关心人民群众疾苦。同样，周总理、少奇同志、朱老总都十分关心群众疾苦。戚本禹在这里有意贬损周总理，突出他这个"小秘书"，实在太不像话了。

戚本禹在《回忆录》中说：

> 田家英就因为处理群众来信不及时，受到主席一次严厉的批评。1951年8月北京石景山发电厂的一个书记，反映工人工资比较低，工资没调整，物价又上涨，所以工人生活很困难。那信开始是我接手处理的，我整理后给了田家英，但不知什么原因，他没交到主席那里，可能是因为当时这样的信太多，他见怪不怪了，所以不大重视。恰巧不久林老去石景山，看到了工人的实际困难，就听工人们说他们给毛主席写过信反映情况。林老回来后就到主席那里说起这信的事来，主席听说工人有信给他就查问，一查果然有。田家英赶紧拿了送去。主席看到有信来却不给他就很生气，批评田家英说，你的工作就是向我反映工人、农民的情况，这么重要的反映工人生活困难的信，你压了那么久不送给我看，这是个对工人的感情问题，是立场的问题。工人的疾苦，就是党的最大的问题，我们党是干什么的，就是给老百姓解决问题的，怎么能掉以

轻心呢？你是不是不想干了，不想干了你就打报告，我再找人……主席的这个批评应该说是很严厉的，田家英当时就吃不消了。我没有在场，田家英也没跟我们全讲，我听他跟别人讲了几句，知道主席批评得很厉害。彭达彰安慰他说，信是我管，我没尽到责任。

关于秘书室压信受到毛主席严厉批评这件事，逄先知是亲历者，他那时正在田家英那里工作。逄先知说：信不是田家英压的，办信的人压了几天，未将这两封信（指石景山发电厂党总支书记王自勉1951年8月27日给毛主席的信和石景山钢铁厂党委1951年8月31日给毛主席的信）及时反映上去，这两封信反映了工人生活困难、工资存在不合理现象的问题。毛主席知道后，发了大脾气，说："共产党员不为工人阶级办事，还算什么共产党员！"毛主席于9月12日分别给他们写了回信，说已令有关机关迅速和合理地解决这个问题。压信这件事，田家英是代人受过，承担了责任，进行了检讨。我在《毛泽东和他的秘书田家英》的文章里，写过这件事。我写的是"办信的同志压了几天"，没有点名。戚本禹是负责北京地区的群众来信的，他自己也说信开始是他处理的。当时田家英专心编《毛选》，处理群众来信这一摊事儿由彭达彰负责，当时彭达彰就说他自己有责任。田家英确实是代人受过，所以他感到十分委屈，喝闷酒，喝得大醉。当年的情景，还历历在目。可是戚本禹却把责任全部推到田家英身上。他说，他没有在场，田家英也没有给他全讲，只听田家英跟别人讲了几句，那他怎么会知道毛主席是怎样批评田家英的？戚本禹只好编造出一大段毛主席的话，说什么毛主席说"你是不是不想干了，不想干你就打报告，我再找人……"为压了这两封信，毛主席会对自己十分信任的秘书田家英这样说吗？

《回忆录》中还说：

> 1950、1951、1953 这几年秘书室的年度报告都是我写的。这是因为田家英看到我处理群众来信的具体成绩比较优秀，写起来言之有物、下笔有情，而且我那时也还协助他搞《毛泽东选集》编辑，他对我了解最多，非常信任我（我还因为经常给中央反映重大情况当选过中直机关劳动模范[1]）。但到了1954年，情况变了。有一次，杨尚昆的秘书孟凡述在吃饭的时候跟我说，秘书室的报告应该是写给办公厅，由办公厅再转给主席。我把这话向田家英做了汇报，田家英说，这个就困难了，主席说这个报告是要直接给他的。但是，田家英又怕得罪杨尚昆，就跟我说，那以后就不写书面报告了，用口头报告给主席吧。

---

[1] 实际名称是中直机关模范工作者。

戚本禹先是自我吹嘘一番，说1950年、1951年、1953年的年度报告都是他写的，而且还在协助田家英搞《毛泽东选集》编辑工作。前面说过了，戚本禹并没有给毛主席写过报告，报告都是彭达彰等室领导写的。为了进一步印证这件事，逄先知打电话问李公绰："这三年的年度报告是不是戚本禹写的？"李非常明确地说："绝对不是，也绝对不可能是。这几年的年终总结报告，怎么会是戚本禹写的，都是彭达彰他们室领导写的。戚本禹这样吹牛，真可怕！"吕澄更肯定地说："这几年的年终总结报告绝不是戚本禹写的。"王象乾说："1964年前后，田家英有一次对秘书室的室务委员，带有批评的口气说：'戚本禹刚来的时候，连普通信都写不好，改来改去才能用，他现在写的文章，你们谁能写得出来。'"戚本禹是1950年5月调到秘书室的，刚来时"连普通信都写不好"的戚本禹，领导上能让他写那三年的年度总结吗？

戚本禹总爱拿参加《毛选》的编辑工作说事。其实，他只搞了三个月，田家英就把他调开了。如果田家英信任他，又认为他的工作那么优秀，为什么要调开呢？当时搞信访工作的同志，水平比较高、办信经验比较多的，并不少，并不是非他莫属。戚说，田家英怕得罪杨尚昆，就跟他说，"那以后就不写书面报告了，用口头报告给主席吧"。大家读到这些话，非常惊讶。李公绰说："这些话简直是天书，完全莫名其妙，压根儿不可能，毛主席是习惯看书面报告的。"吕澄说："戚本禹太不像话，胡编乱造。给毛主席的工作报告，一直是用书面的形式，从来没有做过口头报告。"王象乾说："没有戚本禹说的不给毛主席送书面报告的事，秘书室一直给主席送书面报告。"

戚本禹一有机会就贬低周总理，他不断抓住信访工作做文章，好像中办秘书室比政务院的作用还大。《回忆录》中说：

> 我的总的体会是，毛泽东对各界来信都很看重，又特别重视工人、农民反映情况和要求解决困难的来信。我是实实在在地感受到，毛主席是真心关心人民群众的疾苦，关心普通老百姓的疾苦！周总理也关心，但我感到他总不如毛主席那样关心。当年的政务院比我们秘书室知道的东西多，可是毛主席知情并解决这些问题，都是先由秘书室把群众反映的问题汇报上去才发生的。

《回忆录》又说：

> 总理也有不汇报不请示的问题，例如上一章说过的，建国初很多地方工人、农民生活疾苦，情况很严重，总理比谁都知情，却没有把问题及时向主席汇报，请示主席怎么解决，而是在秘书室把情况反映给主席之后，在主席的敦促下，才开中央会议讨论解决方案。

戚本禹不敢明目张胆地批周总理，而用旁敲侧击的办法贬低周总理，这里面包藏着他狂妄的政治野心。

戚本禹在中南海工作期间，党内发生了"高饶事件"。戚不是这一事件的亲历者，却在其个人回忆录中大写特写，或者抄袭一些不实的材料，或者胡编乱造，妄加论述，歪曲历史。他居然说："我亲眼见到刘少奇和高岗相互斗骂，王光美哭起来了。"那时，戚本禹只是一名普通干部，不可能直接接触中央领导人，怎么可能亲眼见到刘、高对骂？

六、关于正确处理人民内部矛盾问题的讲话及其修改

戚本禹用了很大篇幅写这个问题。但是他对这个问题的来龙去脉根本没有弄清楚，更不知道其中的一些真实情况，就信口开河，冒充聆听者，编造了许多假话。《关于正确处理人民内部矛盾的问题》（文内简称《正处》），戚本禹说：

> 反右派运动开始了，为了提供反右派运动的理论指导，1957年6月19日，《人民日报》以《关于正确处理人民内部矛盾的问题》为题，发表了毛主席的这篇讲话。但是，它不是原始讲话。它是由胡乔木、田家英和陈伯达等人根据毛主席的原始讲话文件修改而

来的，与原始讲话有很大的不同。

我是现场聆听过全部讲话并做过记录的，知道原始讲话和发表出来的文章之间很大的不同到底是在哪里。当时听完讲话，讲话文件都要交回去，我也没有保留下原始讲话文件。不过，我用自己在上海搞地下党时自创的"戚氏速记法"较为完整地记录下了这个讲话。后来，我看到过毛主席亲笔拟写的讲话提纲的手迹，就抄录了一份。以下有一个附文，它就是我根据自己抄录的毛主席的讲话提纲手迹和我的现场速记记录整理出来的部分内容，可以用来与实际发表的《关于正确处理人民内部矛盾的问题》文章进行对比。对比了就知道，哪些是主席的东西，哪些是他们后来加进去的，哪些是真正的主席的思想，哪些是党内其他高层领导的意见。

主席当时提的是应该在全国搞民主，没有什么反右派，没有什么六条，没有什么钓鱼，都没有。反右派是后来根据整风运动中右派的乘机进攻的情况加上去的，是主席在这个问题上，同意吸收不同意见补充上去的。主席是真诚地希望大家帮助党整风。主席说了，人们总是会有些不同的意见，就是有些不对的，也不要紧，不用怕。发表出来的文章把带棱角的话都去掉了，这不是主席个人的意见，而是代表全党的意见。主席讲话后，社会上出来那么多言论，其中有很多是攻击党和社会主义的，也许主席就觉得自己讲话有不妥，又可能受到各种上报材料的左右，他就同意做改动，但改了的东西不如原先的好。胡乔木改得较多，以至于后来胡绩伟就揭发说，胡乔木乱改主席讲话。但据我所知，胡乔木改稿是根据主席综合了党内其他同志的意见后提出的修改意见进行的，不是他自己乱改的。

戚本禹说他是"现场聆听过全部讲话"的，这不是事实。他没有资格出席最高国务会议（扩大）。当时中直机关的干部（记得是十七级以上的）是在中直机关礼堂听的讲话录音，秘书室的干部吕澄、李公绰、逄先知、沈栋年、王象乾都去听了。戚也是那次去听的。戚说："当时听完讲话，讲话文件都要交回去，我也没有保留下原始讲话文件。"戚本禹又瞎说了。毛主席当时只起草了一个讲话提纲，供自己讲话用的，根本就没有印发什么"讲话文件"。

《正处》问题，戚本禹把文章主要做在原讲话记录同后来正式发表的定稿有一些不同上面。他认为，原讲话记录是毛主席的真实思想，正式发表的定稿是主席受到上下左右人的影响，为了平衡各种力量和意见，违心地放弃了一些本来合理的主张。"六条标准"，是同意吸收不同意见补充上去的，而不是毛主席的意见。

戚本禹还说，毛主席的《正处》讲话：

> 造成这样一个宽松的气候，出现这样一个百家争鸣的局面，这本是好事。可是，党内高层一些人本来就怕这怕那，这个时候都在底下说毛主席不好。据我当时在办公室听到的情况，刘少奇、邓小平和彭真他们就说，主席在最高国务会议的讲话，没有经过讨论就出去了，以往什么事情都是先党内后党外，毛主席这次是先党外后党内了，一样的内容，先在最高国务会议上讲了，然后才在党内宣传工作会议上讲。他们攻击毛主席违反程序，把党弄得岌岌可危，把国家也搞乱了。党内有相当一部分人跟着他们这样看、这样说，埋怨主席不该放开，不该让什么人都出来提意见……这些人都要求主席改变在最高国务会议上讲的那个方针。

戚本禹含糊其词地说是在办公室听说的，又不说出是听谁说的，这样就可以给自己造谣留下很大的空间。

毛主席关于正确处理人民内部矛盾的思想渊源早已有之，而且首先在党内多次地讲。远的不说，就从1956年12月29日《人民日报》发表的《再论无产阶级专政的历史经验》说起。

这篇文章在写作过程中，曾经召开有中央领导人参加的九次会议进行讨论。参加的人有刘少奇、朱德、陈云、邓小平、张闻天、陆定一等。在12月2日讨论初稿的会议上，毛主席就提出了这篇文章的五个要点，第四点即为："要分清敌我矛盾和人民内部矛盾是两种性质根本不同的矛盾，要采取不同的方针、不同的办法，解决不同性质的矛盾。"怎么能说《正处》的思想没有在党内酝酿呢？毛主席当时确实是主张放的，想营造一个宽松的政治环境。他于1957年2月16日在中南海召集中央各报刊、中国作家协会等单位负责人开会，批评了教条主义。王蒙当时因写《组织部新来的年轻人》小说受到批评，毛主席为他解围；毛主席还说批判胡适时把胡适的一切全部抹杀了，以后要写一两篇文章补救一下；指出只允许香花，不允许毒草，这种观念是不对的，等等。周恩来、邓小平、胡乔木、胡耀邦、周扬出席了会议。这一连串会议的召开，不是先党内后党外吗？哪里存在什么"违反程序"的问题。说什么刘、邓、彭"他们攻击毛主席违反程序，把党弄得岌岌可危，把国家也搞乱了"，这是造谣惑众。当时，关于两类不同性质矛盾的理论及处理的方针、方法，党中央是完全一致的，没有人持反对态度。

戚本禹说，1957年6月19日《人民日报》发表的《正处》，是"由胡乔木、田家英和陈伯达等人根据毛主席的原始讲话文件修改而来的"，还说什么"胡乔木改得较多"。戚本禹看过《正处》讲话修改的过程稿吗？怎么能这样毫无根据地瞎说呢？根据档案,《正处》讲话是毛主席亲自修改了十几次、亲自定稿的。怎么能把发表的《正处》说成是胡乔木、田家英、陈伯达修改的稿子呢?在档案中保存的各次修改稿中,田家英没有改过一个字,胡乔木只有一处文字性的修改,毛主席没有采纳,哪有什么"胡乔木改得较多"。陈伯达做了一些修改(当时是由逄先知誊写在稿子上),这些修改是根据毛主席征求来的意见,供毛主席参考的,取舍由毛主席决定。绝大部分内容都是毛主席亲笔加写和修改的。事实的真相就是如此。

戚本禹还假借江青之口,说他想要说的话。《回忆录》中写道:

> 1957年夏天,中央在青岛召开会议,江青陪毛主席去的……后来江青对我说过:"主席这一个夏天都是闷闷不乐,我给他讲青岛的事,他都没有心情听。"我问,因为什么事。她说还不是因为主席在最高国务会议上放了一炮,提倡"百花齐放,百家争鸣",要正确处理人民内部矛盾,结果弄得党外进攻,党内不满意。我在现场听过主席的那次讲话,也看到了那之后党内和社会上发生的种种事情,非常理解主席为什么心情不好。一方面,正是因为主席在最高国务会议上讲了话,让大家畅所欲言,才出现一个全国性的大鸣大放的宽松的政治气候。等这个气候出来了,党又

把它消灭,还要用毛主席自己的原始报告来做成枪炮把它消灭。这不等于是让毛主席自食其言吗?……"裴多菲俱乐部"中国的确也是有的。主席也是不希望右派翻天的。但是弄得不好,就要把好不容易出来的民主气氛压制下去。这是一种党内外夹击的复杂局面。群众意见、民主党派友好人士的意见以及右派的攻击,其实还是好处理的,难的是党的高层的批评意见不好处理。那时,刘少奇是党内已经认可的接班人,邓小平是毛主席亲自点将到北京后不到两年就担任党的总书记的,彭真虽然在延安时期就是很左的,但对于党在延安时期的拨乱反正的贡献是很大的,自那以来党内地位也很高。还有大批同志跟在他们后面,也一样对毛主席讲话有这样那样的埋怨。

1957年7月,党中央在青岛召开的工作会议,主要是讨论整风、反右、知识分子、农业发展纲要等问题。中央政治局常委全部出席。出席会议的还有政治局委员、一些省市委书记。毛主席主持会议。当时毛主席主要集中精力起草、修改《一九五七年夏季的形势》,一面征求意见,一面修改。在改出第十稿后批示邓小平:"此是最后定稿,请你提交政治局批准。如有修改,请告知,如无修改,即可发出。"青岛会议期间,毛主席的工作是很忙的。他一面要主持会议,找有关的人谈话,同时又要起草和修改文件。这就是当时的主要情况。怎么能说毛主席"闷闷不乐"呢？怎么又扯上《正处》讲话了呢？

人们会问，戚本禹为什么编出这样一篇谎言，而且特别把谣言造到刘少奇、邓小平、彭真三位老一代革命家头上，老是把他们三人同毛主席对立起来？想想"文革"时期戚本禹得势那当儿的情况，就不难回答。戚本禹是靠大批判起家的。他批判、批斗最厉害的，就是这三位领导人。戚本禹至死不悔，继续伤害他们，造他们的谣言想以此证明，他当年的大批判、乱批斗是对的，为他自己翻案。

从上述戚本禹的一系列"回忆"中，人们会感到很奇怪。一个掌握"文革小组"实际大权的江青，一个搞极左大批判的急先锋戚本禹，怎么忽然都"开明"起来了，说什么毛主席《正处》的原来讲话，造成一种宽松的气候，出现了这样一个百家争鸣的局面，这是好事；什么毛主席讲了话，让大家畅所欲言，才出现一个全国性的大鸣大放的宽松的政治气候；什么弄得不好，就要把好不容易出来的民主气氛压制下去，等等。说得多么好听啊！请问戚本禹，这些话，不管是你自己的，还是借江青之口说出来的，怎么在"文革"中连一点影子都看不见呢？那时，全国被你们这些人搞得万马齐喑，人人自危，哪里有什么"双百"方针，哪里有什么宽松的政治气候。

戚本禹对《正处》前后两稿做对比，说到底就是为了"揭示"所谓刘少奇、邓小平、彭真等同志与毛主席的对立。讲话稿才是毛主席的思想，而定稿塞进了刘少奇等同志及党内一些人的东西。这是戚本禹制造这些谎言的用意所在。

《正处》从讲话到正式发表，时隔近四个月。自始至终是毛主席在亲自动手修改，并广泛征求党内意见，历时五十五天，共改十三稿。这中间中国政治发生了重大变化，极少数右派分子以为时机已到，向共产党和社会主义制度进攻。毛主席的思想也发生了重要变化，这个变化不可能不反映到他对《正处》的修改上面。修改稿中加进了强调阶级斗争很激烈、社会主义和资本主义之间谁胜谁负的问题还没有真正解决，这些同原讲话精神不协调的论述。关于评判政治思想战线上什么是香花什么是毒草的六条政治标准，就是毛主席修改《正处》讲话过程中，于5月25日亲笔加上去的，这是在他写的《事情正在起变化》一文发表之后第十天，并不是别人强加于他的。当天，毛主席批示田家英："我在百花齐放部分有一些重要修改，请田于今午打清样校正一下。"毛主席所说的重要修改，就包括加上了"六条政治标准"。至于修改过程中广泛征求意见，这是毛主席多次批示中所强调的。征求意见的范围也是他亲自定的，包括：政治局、书记处各同志，在京中央委员、候补中央委员，当时在京参加会议的各省市自治区负责人（三十余人），外加田家英、胡绳、邓力群。

应当说，毛主席1957年2月27日在最高国务会议上的讲话，是很精彩的。经他亲自修改的正式发表稿，保持了原讲话的主题、原讲话稿的基本内容和基本框架,理论形态更加完备,思想内容更为丰富,逻辑结构和文学表述更加严谨,是一篇重要的马克思主义著作。《正处》吸收了集体智慧,但它完全是属于毛泽东的,所谓"毛主席违心地放弃了一些本来合理的主张"云云,都是别有用心的胡说。

七、所谓"毛主席派我们去四川种试验田"

《回忆录》对所谓"毛主席派我们去四川种试验田"这个问题专门写了一章,可见把它看得很重。其实这是一个假命题,根本就没有这回事,戚本禹把谣言造到了毛主席头上。

戚本禹在《回忆录》中说:

"毛主席不相信亩产万斤粮,但下面报上来的数字却一个比一个高。四川省委书记李井泉,在他的报告中就说,四川省粮食产量最高的是亩产上万斤,平均是亩产四千多斤。为了搞清楚到底能打多少粮食,1959年初,主席就命令田家英带着秘书室的工作人员亲自到农村种试验田去。田家英向我们传达了主席的指示,他说,主席讲……你们下去以后,要找一块最好的地,最好面积,用最好的种子,用农民最好的办法,自己种,自己管理,不要别人插手,从下种到收割,全部自己来,看到底能打多少斤粮食。打下的粮食,你们也要自己去称,是多少就是多少,不准多一斤,也不准少一斤,回来把结果告诉我。""1959年,刚过完春节,田家英、逄先知、李学谦、骆文惠和我五个人组成一个小组,田家英当组长,我当时担任临时支部的支部书记[1]。""我们下去以后,就分散到不同的中队去。田家英去了一中队,但因为他经常去省里和其他地方开会,所以他住在公社,也没有多少时间下地。逄先知是他的秘书,跟他一起,天天东跑西跑的。骆文惠去了另一个中队,她干农活比我行,但她毕竟是个女同志,一个人搞试验田有困难。李学谦又在一个中队,他倒是也搞了块试验田,但规模没有到一亩。""我说要一块最好的田来种水稻,他们就给了我一块最好的田。……另外,我还划了一块麦田,也差不多是一亩。我交代说,这都是我的田,别人谁也不能碰的。"

当年参加田家英调查组的,目前健在的只有逄先知和李学谦。他们是亲历者,第一见证人。

逄先知说:戚本禹这段"回忆"纯属编造,还绘声绘色地编造毛主席说的一些话,用戚的话来说那真是"离事实

---

[1] 当时没有"组长"这个名义,也没有成立临时党支部。

十万八千里"。当年毛主席派田家英带些人下去主要是搞调查，了解农村情况，整顿人民公社，贯彻刚刚闭幕的八届六中全会精神，压根儿就没提过什么种试验田的问题。

田家英带了四个人，有戚本禹、李学谦、骆文惠和逄先知。骆是女同志，便于向妇女了解情况。我们四个人是先动身的。到了四川，正好碰上过春节，四川省委办公厅贾主任请我们吃了一顿饭。田家英过来以后，一起到了新繁公社崇义大队（新繁县原来是一县一社，公社体制调整后崇义大队改为崇义公社，田家英给改名大丰公社）。田家英住在公社，我们四个人各驻一个中队[1]。我在一中队，离公社最近，便于同田家英联系。

我住在一中队的队部，同中队长杜云湘住在一个林盘里（就是一个居民点），窗前是一片稻田。晚上就在我住的屋子里跟几个干部开会，安排工作。十一届三中全会后我几次去大丰，都要去看看我当年住过的房子。2011年去还拍了照片，但房子已经是破旧不堪了。

戚本禹在《回忆录》中写道：

> 关于这个密植问题，我还按照农民跟我讲的意见，把各种情况作了汇总，给中央写了一个专题报告。接下来，农民又告诉我，要想增产，就得到城里去拉人粪……于是，我就找了几个年轻人跟我一起拉着板车

---

[1] 当时大丰人民公社的体制，"中队"相当于原高级社规模。

到成都市里去拉粪。这一拉就差不多拉了一个月。

逄先知说：戚本禹是调查组成员，田家英是领导，他能不经过田家英就直接给中央写报告？这是不可想象的。戚本禹动不动说他给中央写报告，都是在自我吹嘘。说到去成都市拉粪，戚又把这个"发明权"揽到自己身上。事情是这样的，大丰公社到了插中稻秧苗的时候了，可是严重缺肥，田家英十分发愁。他突然想出一个办法，商得公社领导同意，号召全公社社员（男的强劳动力）到成都市内拉粪，拉一车奖励多少钱，挑一担奖励多少钱。这一下子就把社员的积极性调动起来了。长龙般的挑粪队伍川流不息，浩浩荡荡。田家英亲自带头拉粪车，更激发了社员们的劲头。不几天的工夫，肥料备足了，中稻插秧任务及时完成。说实在的，当时我对田家英这样大张旗鼓地用物质奖励的办法激发社员积极性去拉粪，心里多少有点打鼓，我是不敢这样做的，我的思想远远不如田家英那么解放。到成都拉粪是全公社统一行动，戚本禹那个中队当然也不能例外，但他根本不提田家英，好像只是他和农民想出的办法。他说"这一拉就差不多拉了一个月"。如果真拉了一个月，插秧的季节早就过了。戚还说，他还划了一块麦田，也差不多是一亩，别人谁也不能碰。戚本禹从未种过田，有什么本事同时耕作两亩田，谁会相信？

戚本禹种试验田的故事，《回忆录》里还有更"精彩"而细致的描写。他说：

> 我那时种的早稻。过了几个月，到了收割的时候，我就让队里安排了民兵，叫他们扛着枪日夜在我的试验田四周把守着，不许有一粒粮食带进去。收割起来的稻子，一个稻穗都不能落下，全部都要收起来。……那些散落在地上的稻粒我都要把它捡起来。等过秤的时候，我眼睛就一直盯住秤杆，高一点、低一点都不行，必须是平的。最后得到的产量是500多斤，不到600斤。那个时候我的脑子里想的就是，这是要报给毛主席的数字，必须核实，虚一点都不行，不然就是欺骗毛主席了。

戚本禹说的通篇是假话。当时新繁县包括大丰公社种的都是中稻，根本不种早稻。队里是统一育秧的，谁会单独为戚本禹的一亩田育早稻秧？如果早稻亩产真的达到五百多斤，那可是高产了。早稻亩产五百多斤，加上晚稻就快千斤了，那样，大丰公社就不是浮夸虚报，而是瞒产了。早稻与中稻在产量上是没有可比性的，当时讲四川水稻的亩产量，都是讲的中稻。中稻的亩产量要高于早稻。戚本禹强调他种的是早稻，是用了一番心思的。他和我是8月上旬离开四川的，那时中稻还在生长期，如果说种的是中稻，那就无法编出水稻的收割、过秤那些"故事"。戚本禹以为，说自己种的早稻就能自圆其说，其实顾了这一头却顾不了那一头，终于露出了马脚。

逄先知说：说到揭开四川1958年虚报产量问题，首先是田家英起的作用。是他从大丰公社的调查中取得突破，到庐山向毛主席报告。当年田家英为查实大丰公社1958年实际产量，同公社会计谈到深夜，终于使会计说出了实话。原来公社有两本账，一本账是真实产量，一本账是上报产量，上报亩产八百多斤，实际亩产五百八十斤。田家英还亲自查过生产队的粮仓，发现粮仓也弄虚作假。虚报产量，当时是一个普遍现象，不只大丰一个公社如此。戚本禹等三人写的《关于四川新繁县粮食生产真相的报告》，由田家英报送给毛主席。戚本禹说什么毛主席看了好几遍，批示将它作为庐山会议的会议文件印发下去，还认真看了戚种试验田的报告，这些完全是不实之词。"真相的报告"是一个公社书记罗世发谈1958年粮食产量浮夸的问题，内容比较单纯。这样的报告，毛主席用不着看好几遍，而且根本没有印发会议。说毛主席认真看了戚本禹种试验田的报告，更是无稽之谈。他没有种试验田，哪来的种试验田的报告？戚本禹批评人家搞浮夸，他比浮夸还糟糕，是无中生有。戚本禹还说什么毛主席对李井泉说："你看了他们写的报告，他们这都是自己下去亲自种的，亲自打的，而且还自己亲自去一斤一斤地称出来的。你下去种过没有？打过没有？称过没有？李井泉说没有。主席就说，没有，那你怎么就否定人家呢？"毛主席同李井泉的上述对话，完全是戚本禹编造的。我真不理解，戚本禹竟会这样昧着良心说谎话。

在1959年庐山会议期间，对于四川去年粮食产量有无浮夸的问题，李井泉同田家英在毛主席那里确实有过争吵。在戚本禹的《回忆录》里，说在"七千人大会"期间，李井泉曾向他道歉。李井泉为什么要向他道歉？这不合逻辑，也不合情理。连对田家英，李井泉都没有道歉，遑论你戚本禹了。总之，戚本禹在"毛主席派我们去四川种试验田"这个根本不存在的问题上大做文章，像写小说一般虚构种种情节，无非是为了自我吹嘘，想让读者相信，好像揭露和纠正浮夸风，他戚本禹起了重要作用，以此欺骗一些不明真相的人。这倒是可以使人看到，他在这本《回忆录》中随意编造事实已经到了肆无忌惮的地步！

为了进一步揭破戚本禹制造的所谓"毛主席派我们去四川种试验田"的谎言，下面提供两个材料，一个是李学谦写的一份材料，一个是逢先知四川调查的日记（部分）。

戚本禹说李学谦种了一块试验田。李学谦在2016年7月22日写来一个材料，否定了戚本禹的说法。材料说："（一）去大丰是调查农村情况，还是去搞试验田？我的记忆，是去调查农村情况。我们在田家英同志领导下去四川大丰公社蹲点调查，是毛主席派去的。目的在于摸清农村实际情况，遏制'共产风''浮夸风'为特征的'左'倾错误，贯彻八届六中全会精神，整顿人民公社。在大丰蹲点驻队，我在八中队，未种试验田。

骆文惠在四中队，也没听说过种试验田的事。去公社向田家英汇报工作，也未谈过种试验田的事。（二）向田家英汇报工作自然地形成十天半月一次，特殊情况可以随时汇报。集中汇报多是浮夸风、社员生产生活问题、社会风气不正（如偷鸡摸狗、队干部不良作风等问题）。没有谈过种试验田的问题。田家英听了汇报之后，指示我们如何进一步了解情况，鼓励我们努力工作。我单独汇报过三次。第一次是八中队虚报产量问题，我查清后立即向田家英汇报。我看他的表情，他早已晓得了。第二次，汇报我是怎样弄清虚报产量问题的。第三次汇报是反映社员吃不饱。"

逄先知保存着四川调查的一本日记，只有1959年5月12日以后的，以前的那一本在"文革"中丢失了。所记的内容大体可以反映出四川调查组蹲点的情况。

5月12日　上午，开驻社干部[1]会。田（指田家英，下同）主持。田：粮食问题，做两件事。（一）摸底，了解一下小社[2]的粮食账，附带去年的粮食产量，不要怕，要敢于说话。算账要收尾，不要使群众冷下去。算账15日结束，开一个较大的会，总结。（二）同群众、干部商量一下，麦子下来，怎么吃法，可否让群众调换大米。中午，参加一中队党支部扩大会。算账中发现，去年本中队有比较严重的虚报现象，各小队的产量公

---

[1] 驻社干部，包括中办秘书室的四人和四川温江地委派下去的干部。
[2] 小社，指高级社，即当时的中队。

布不出来，说不好公布，不知是按实产公布，还是按上边叫报的数字公布。据一中队三个小队的统计，实际产量是500多斤，上边布置的数字是800多斤。晚上，参加一排[1]排会。

5月13日　崇义乡去年上报的水稻亩产量很有问题。一社会计刘泽云说，去年小社亩产量是510斤，后经县上开会，定为上报827斤。

5月14日　早，乡上开会，讨论贪污、算账问题。田讲话。

5月15日　继续调查一个干部的材料，先后跑了两个工厂。

5月16日　成都工学院支援崇义大队夏收夏种的一千多人，今天到达。今晚决定，从明天起，大战三天，收麦，打菜籽，19日完成。24日以前（22日小满）完成全部中稻的栽插。

5月17日　上午，跟工学院同学一起在一排割麦子。下午，天气变坏，下雨，天时很不利。今天的夜战没有干成。调查了一下这里去年的粮食产量，去年水稻亩产只有530斤，而上报的数字是800多斤。

5月18日　继续小雨，对农作物很不利。麦子割不下，菜籽打不得，秧田空不出，必影响季节。下午，在四排跟干部、社员谈改变供给制和下放基本核算单位问题。除个别人，大部分人同意实行历来设想的对家庭困难的、失去劳动力的人进行补助的办法。

5月19日　上午，驻社干部会。田主持。田讲话：总结小

---

[1] 排，相当原来的初级社，当时称小队。

麦生产技术经验。劳动组织问题、生活问题、丢东西问题、小偷问题要抓紧解决。下阶段整社的准备工作。准备两个代表大会。中心工作：（一）算账问题的思想工作。（二）包产落实。（三）分权，制度问题。开会步骤问题。下午，到一排打菜籽，一直打到晚8时。社员、同学干劲都很大。一个下午整整打了14多亩。其中一块九分四厘的地，收324斤。

5月20日　白天调查一中队去年水稻产量。晚，参加田召集的会议，讨论党员大会和社代会的准备工作。后天（22日）就是小满，小满过了栽秧，就发生白黍，对产量影响很大。但天时不利，小雨连绵，非影响农田季节不行。

5月21日　继续讨论大会问题，准备文件。加强到成都运粪。现钱交易。一车（200斤），白天6个或8个工分，另补贴3角，晚上没有工分，补贴4角或5角（根据远近）。一挑（100斤），白天3个或4个工分，补贴同上。晚上不评工分，只补贴3角或4角。解放前，粪贩子卖成都粪水100斤2.7元；解放后1955年还有粪贩子，100斤1元。

5月22日　驻社干部会，讨论供给制问题。

5月23日　今天同田到成都运粪两趟，共走100多里路。早8点半出发，晚10点多钟回来。运肥已成运动，沿路都是崇义乡的社员，有推夹板车的，有推鸡公车的，也有挑担的。昨天一昼夜就是七八万斤。

5月24日　白天，整理财务制度。晚上，开驻社干部会。

生产问题，要求28日以前秧子栽完。见缝插针，种瓜种豆。

5月25日　晚，同田一起到成都运肥，因遇雨，留在成都，住永兴招待所。明天返回。

5月26日　上午，到梁家巷粪塘，粪桶不在了，下午返回。

5月28日　上午，田给工学院同学做关于公社问题的报告。今天各中队的食堂都打"牙祭"，一是庆祝夏收夏种基本结束，一是为了欢送工学院同学。这次才真正看到农民食堂打"牙祭"是个什么样子。说起来也是相当惊人的，20个菜，每人半斤肉，放开肚皮吃，也只能吃到一半多，大量剩菜。今天是小满后的第6天了，因为工学院的同学支援，提前7天左右的时间，完成了夏收夏种的任务。短短20天，整整换了一个季节，一望无际的田野，全部换上黄绿色的稻秧，好看极了！

5月29日　上午，同戚（本禹）、小周[1]一起到郫县安庆乡了解情况。这里的情况不比我们那里更好一些。感到有这样几个问题：（一）密植问题。（二）干部说假话。（三）群众积极性不高。（四）基本核算单位问题。干部不说老实话，真是个危险。什么时候干部说真话就好了。可以断定，这里还没有很好地贯彻主席的通信[2]。

5月30日　上午，讨论公社代表大会的几个文件。田主持。讨论组织机构问题、财务制度、竹子管理问题、供给制问题。

---

[1] 小周，名字记不得了，是温江地委派到崇义大队蹲点干部中的一位小青年。
[2] 指毛泽东1959年4月29日写给省、地、县、社、生产队、生产小队六级干部的《党内通信》。

6月1日　拟食堂调查提纲、粮食供给制问题调查提纲。晚上，田决定向全体社员传达毛主席的信，通过广播的形式。读完信以后，田讲话。最后大家讨论。

6月2日　调查一中队三排的情况。愿意回家煮饭的人多，现在控制得这么紧，还争着要称米回家自己做饭。如果说可以自己做饭，肯定大多数都要回家煮。粮食供给制，还不能彻底解决问题，有人只吃白米，不吃菜。下午，同乡上的几个书记开会讨论召开党员大会问题，田主持。

6月3日　全乡党员大会上午8时开幕。罗远述[1]做公社问题的报告。今天，我整天把周明久[2]的大会报告赶写出来，搞到深夜两点多钟。

6月4日　上午，继续开大会，周明久做关于党的工作的报告。下午，各中队汇报讨论情况。

6月5日　上午，修改周明久的报告。这个报告县委要打印。下午，党员大会最后一次会议。罗报告后，田讲了话，主题是："加强领导，党员带头，鼓起干劲，克服困难。"

6月6日　公社决定降低粮食标准，节约粮食。这一决定在群众中反应很大。

6月7日　把公社管理体制（草稿）赶写出来。

6月8日　据各中队反映，最近群众生产情绪低落，出工很

---

[1] 罗远述，当时任大丰公社党委书记。
[2] 周明久，当时任大丰公社党委副书记。

晚，干劲不大。走到哪里，社员都谈粮食问题，这是个值得注意的问题。

6月9日　上午，讨论社员代表大会准备工作。

6月10日　今日端阳节，放假一天。

6月11日　上午，同社员摆谈，收集一些意见和情况。下午，大丰公社社员代表大会开幕。说是2时开会，代表4点半才到齐。晚上，按中队分组讨论组织机构问题。

6月12日　上午，开驻社干部会，田主持。谈两个问题：代表大会小组开会问题，生产问题。

6月13日　上午，在三排薅秧子。跟社员摆谈了一些情况。普遍的感觉是没有活路[1]。妇女对办食堂和出来做活拿工资最满意了，她们说，谁再也不敢说她们是"供猪"（指妇女依赖男人生活）了。

6月14日　驻社干部会，汇报讨论情况。下午，回到一中队，到五排跟一些社员摆谈，从目前的吃粮问题直到产量、耕作制度和农业技术问题，无所不谈。对粮食问题，反映最强烈的是富裕农民。谈到产量，他们说，去年水稻产量五百三四十斤，这两年的产量越来越少。他们普遍对密植[2]很有意见，把减产几乎都推到密植上。他们都说活路赶不起走[3]。我问为什么？

---

[1] 活路，四川当地话，是指农活。
[2] 指四川省当时搞的过度密植。
[3] 活路赶不起走，四川当地话，意思是农活干得很慢，或者农活干不动。

他们说：一是做活路不如意，二是吃得不行。听说小麦征购每亩从300斤减到250斤，我心里稍微轻松一些。晚上，社员代表小组会，讨论财务制度和分配方案。

6月15日　各排把有劳动力不参加劳动的排排队，准备各排开会辩论。上午，到一排，想算一下麦子的产量。一边称麦子，一边跟他们摆谈。他们都对密植有意见。谈到食堂，他们都主张回家做饭。这两天跟老农谈谈，很有好处，尽管他们的话不都是对的，但有一些还是要好好研究，对我很有启发。

6月18日　田应邀参加省委扩大会，讨论食堂等问题。

6月19日　今天准备到五排，帮他们把小麦拌完，好完成统购任务。天时不利，时有小雨，只好改变计划，栽红苕。一个上午，我们十多个人栽了三亩多红苕，这是极少有的。原因是我和乡长，还有另外一个同志跟他们一起干，鼓起了他们的干劲，中间没有歇气。要在平时，这样多的人，半天只能栽一亩多。可见生产积极性是一个十分重要的问题。

6月20日　上午，开驻社干部会，汇报最后两次小组会的情况。田主持。讨论竹木管理办法，财权下放问题，民办小学问题。田提出要考虑四个问题：（一）生产小组固定不固定；（二）权力下放何时开始；（三）生产队多余的粮食、生猪和其他副食品，可以多吃、多卖、自行储备；（四）注意群众对干部的报复。

6月22日　下午，请周明久、刘生荣（公社会计）来算劳动账，直到深夜。今天是夏至，红苕应当全部栽完，但还有大半没有栽上。

6月23日　上午，田同李政委（李井泉）一起乘汽车去重庆，出席省五级干部会。下午和晚上，继续算劳动账。

6月24日　上午，布置了一下调查工作。史（敬棠）、戚（本禹）、李（学谦）、骆（文惠）分头下去调查劳动生产率、社员收入情况。戚的调查材料，证明公社化比高级社时生产效率有降低趋势。李调查了一个排的27个劳力，单5月、6月两月比去年同期多做工分4.5%，由此得出结论，生产率提高了。但把他的材料一分析，不一定得出这个结论。今年工分多是社员全部的工作量，过去除了干社里的活，还从事家庭副业和自留地的劳动。从骆、戚两个人的调查看，这两年的生活水平比高级社时都有所降低。

下午，省委办公厅副主任黄流来电话，说田要我明天晚上去重庆，把材料带上，并要骆文惠回家看看（骆是四川云阳人）。

6月25日　继续整理材料。上午请供销社、银行、糖果店、市场管理委员会和粮站各方面的负责人，谈了一下几年来镇上经济发展情况，并请他们整理出一些材料。这次座谈会提出许多新鲜问题，很启发思想。

晚上，乘10时快车去重庆。

6月26日　材料交给夫子（当时中办秘书室的人称田家英为"夫子"），做了一些说明，他感到很有用。晚上，扯谈了一下，田决定我们再在四川留一个月，调查半个月，到新繁一个先进乡住半个月了解情况。这个决定，我很高兴，趁此机会对农村进一步做比较系统深刻的了解，有极大的好处。

田要我转告罗远述：（一）大丰公社的制度、体制，不要动，至少搞一年看，试就试到底。（二）9—13岁的学生，根据情况规定劳动任务。（三）发动群众讨论、总结小麦生产经验，开几种人的座谈会。（四）红苕、洋芋按户发下去，便于保存。吃食堂的，可以交上煮，也可以自己煮，食堂只煮米。（五）田头积肥经常化。（六）开会的同志都赞成成立机建组，培养机工学徒。

6月27日　经过一天紧张的工作，现有的材料全部整理完了，一直搞到12点多。用工量的材料，原来的调查一个最大的缺点是没写上密植和施肥的情况，不能说明问题。田说得对：任何一个材料要有鲜明性，反对什么，赞成什么。

6月28日　早晨田和李政委同机飞武汉，准备去庐山参加中央政治局扩大会议。我一个人到招待所附近的石桥公社走了走，了解一点情况，许多问题同崇义一样。

6月29日　早6点40分乘火车到达成都。下午回崇义乡。

以上逄先知的日记中所记的调查活动、劳动情况、开会向田家英汇报的问题和田家英讲话的内容，都压根儿没有提到"试验田"这三个字。

李学谦写的材料、逄先知的日记，白纸黑字，是驳斥戚本禹谎言的重要佐证。此外，当年任大丰公社党委书记的罗远述写给李学谦的信,刘冠群写的回忆田家英在大丰公社搞农村调查的文章,也都没有提到过种试验田的事。

戚本禹是田家英调查组的一个成员,在田家英统一领导下工作,不可能另搞一套,自己去种试验田,违背毛主席派田家英下去作调查、搞整社的指示。

八、天津调查的真实情况

关于天津调查,先看看戚本禹是怎么写的。他说:

> 1961年国民经济调整已经取得很好效果,毛主席亲自主持制定的《农村六十条》发挥了很大的作用。由于纠正了"一平二调"、"共产风"的错误,建立了"三级所有、队为基础"的基本经济核算制度,保障了人民公社的健康发展,农村的形势逐步好起来了。这时,毛主席要着手解决工业的问题了。为了制定《工业七十条》,他叫陈伯达、田家英组织一个调查组到天津做工业调查。
>
> 调查组由陈伯达担任组长、田家英任副组长。下面设三个小组,一个小组去钢铁厂,一个小组去机械厂,还有一个小组去工交单位。中央政策研究室主

任柴沫、副主任马仲扬[1]分别担任了两个小组的小组长。另一个小组由我担任小组长，柴沫和马仲扬都是抗战时就入党的干部，都是正局级，跟田家英是一个级别的。而我当时还是个科级，是被破格重用的。我带的小组是去了天津机床厂搞调查。

我把我所调查到的情况，汇报给了陈伯达。陈伯达听了我们调查出了真实的情况，就表扬了我们。他问我是怎么调查出来的，我把前后过程都讲了。陈伯达认为我这个从银行找突破的办法很好，之后他自己去调查工厂也都要找银行。

天津调查前后历时几个月，到1961年底，我们结束调查，回到中南海。陈伯达叫我起草了一个天津工业调查报告，我就把调查到的各种问题都写了进去。这个报告主席也做了批示了。后来制定的《工业七十条》，也参考了我们的这个天津工业调查报告。

天津调查组，是由中央政治研究室和中央办公厅两个单位的同志组成的，政研室秘书长柴沫带队，共十六人。陈伯达为组长，田家英为副组长。开始下面分三个组，戚本禹是一个组的组长。很快调整为两个组，一个组调查天津第一钢厂，

---

[1] 中央政策研究室应是中央政治研究室。柴沫当时不是政研室主任，是秘书长，马仲扬当时不是政研室的副主任。

马仲扬为组长；另一个组调查天津机床厂，政研室的高禹为组长。这两个工厂都是天津的重点工厂。戚本禹和逄先知参加机床厂的调查。当年参加调查的老人健在的不很多了，中央政治研究室的张作耀还健在。他提供了一个生前不准备发表的回忆材料，对那次调查有非常详细的记载，题为《天津工业调查》。现将这个材料的主要内容记录如下：

"1961年6月12日，毛泽东在北京中央工作会议上，谈到要用《农村六十条》教育干部时讲道：'城市也要搞几十条。'根据毛泽东的这个意见，中央由李富春、薄一波等组织了东北工业调查。与此同时，6月下旬，陈伯达、田家英也组织了中共中央办公厅和中共中央政治研究室工作人员参加的调查组，做天津工业调查和城市人民公社调查。因为我觉得我们这次调查始终都是在田家英直接指导下进行的，所以我把它看成是'在田家英领导下的调查工作'。

"调查组6月26日晚离京，27日凌晨到天津，住市委交际处大理道招待所。田家英和他的秘书逄先知先于我们到达，住另处。当日，天津的同志分别介绍了天津第一钢厂、天津工程机械厂和城市人民公社情况。田家英与会听取情况介绍。

"调查组分成两组。28日，一组以中央政治研究室的马仲扬为组长，到第一钢厂调查；另一组以中央政治研究室的高禹为组长，中央办公厅的人在戚本禹的带领下参加本组，本拟到工程机械厂，临时接到通知改去天津机床厂。中央政治研究室秘书长柴沫带一两个人做些面上的了解（不长住天津），并管两组的事，有时负责上传下达或同市里联系和沟通。

"参加天津机床厂调查的人员，除了政治研究室的高禹和我以外，都是中央办公厅的同志，有戚本禹、王刚、杨旭章等。田家英的秘书逄先知参加这个组的调查，直接向田负责。

"7月下旬，调查组开始撰写调查报告。7月29日调查组向田家英汇报情况，直到晚上。晚12时，田听完汇报后对大家谈话，并就撰写调查报告的问题谈了意见。

"调查组按照专题分工，按八个问题起草报告，另加一个前言，共9个材料。我负责起草了《天津机床厂基本情况》的材料……（其他）材料的题目和起草人，已经记不清了。但有一个，因印象特深，所以忘不了，就是戚本禹起草的反映工厂管理制度问题的材料。他为这个材料题名《竭泽而渔》，文中语言特别尖锐。根据当时的指示，所写上报材料或报告，都要和工厂领导'见面'，要得到他们的认可。显然，这个材料很难被工厂领导和管理干部通过。高禹和我商量把文字改得缓和点，最后高禹商得戚本禹同意，改了题目（已记不清改了个什么题目）。

"我负责调查组的事务工作，代表调查组请天津市排印材料。材料共印了每份90套。当时，田家英催得很紧，8月22日，由中办一位同志直送中央办公厅每份20套。

"不久得知，我们写的9个材料，在中共中央庐山工作会议上全部作为会议文件印发了。近来看到邓力群的回忆，他说参与搞《国营工业企业工作条例（草案）》（即《工业七十条》）时曾经参考中央政研室的天津调查材料（大意）。

"在我们送出调查材料的同时，中办的同志带回了田家英交下的《国营工业企业工作条例（草案初稿）》，让我们立即组织工人和干部讨论。8月23日上午、下午和晚上，调查组分别召开机床厂老工人代表、厂级领导干部和技术干部座谈会。大家很兴奋，积极发言……座谈会后，高禹命我做了文字汇总，并让中办同志送中办即转田家英。

"8月25日开始，调查组根据田家英的指示做了几天城市人民公社的调查……9月7日，调查结束。当晚8时回到北京。前后历时70余天。29日，参加天津工业调查的两个组的全体人员，在京开了一次总结性的座谈会，调查组宣布解散。"

张作耀，是原中央政治研究室的研究人员，山东大学历史系毕业。为人忠厚，作风朴实。他提供的材料，具体而真实，与逄先知的记忆完全一致。凭这个材料，就可以戳穿戚本禹在天津调查问题上所说的种种谎言。

张作耀、戚本禹、逄先知等人，都在天津机床厂做调查。组长是高禹，抗日时期参加革命的老干部，行政12级，有相当高的思想政治水平。戚本禹却说自己是天津机床厂调查组的组长，"被破格重用"。更让人惊奇的是，《回忆录》里写的关于他向陈伯达汇报调查情况，又受到陈伯达表扬的那段描述。陈伯达从来没有到过天津机床厂。逄先知等人与戚在一起调查，朝夕相处，从未听说过戚向陈做汇报。

关于天津调查材料上报及毛主席做批示的情况，张作耀的材料已经简明地提到。为了彻底揭穿戚本禹的谎言，这次我们又看了毛主席批示天津调查材料的档案。

毛主席的批示，是1961年8月27日写在田家英8月24日为上报天津工业调查材料所写的报告上。当时中央正在庐山召开中央工作会议。这次会议是8月23日开始的，会议主要内容之一就是制定《工业七十条（草案）》。在会议的第二天，田家英就及时地将天津工业调查材料上报毛主席。毛主席的批示和天津调查材料作为中央工作会议的文件之十二，印发与会同志。毛主席的批示全文是："印发各同志研究。毛泽东　1961年8月27日。"用铅笔写的，字很大。调查材料包括两个部分：一个是《天津第一钢厂调查（中央政治研究室调查组1961年8月10日）》，一个是《天津机床厂调查（中央政治研究室调查组1961年8月16日）》。机床厂调查附有八个材料，是各人分头写的，最后由组长高禹定稿。逄先知写的是《供销关系和协作关系的几个问题》。

戚本禹说，1961年底，调查结束，陈伯达叫他起草一个天津工业调查报告，他把调查到的各种问题都写进去，这个报告主席也做了批示，后来制定《工业七十条》也参考了他这个天津工业调查报告。

客观事实总是同戚本禹作对。中央档案馆对毛主席批示的文件保存得很完整，没有所谓毛主席批示的戚本禹写的天津工业调查报告。不知戚本禹有什么本事能写出一个天津工业调查报告。他只参加了机床厂调查，怎么能知道天津第一钢厂的调查情况？天津调查是1961年9月上旬结束的，不是年底。天津工业调查材料，早在1961年8月就由毛主席批示印发庐山中央工作会议，并为制定《工业七十条（草案）》提供了参考。1961年底还写什么天津工业调查报告，岂不是放马后炮？根本不可能有这样的事。

通观《回忆录》，戚本禹动不动就说，他写报告送毛主席，毛主席都做了批示。这样严肃的事情，戚可以信口随便地说，如此吹牛，实属罕见。

戚本禹还说：

> 这一时期我和陈伯达的直接接触多起来了，因为他是三个小组的总负责，经常要我去向他汇报工作。但我在无意中却发现，只要我去向陈伯达汇报工作，田家英就不高兴。那时他们两人之间的矛盾已经很大了。我夹在他们中间，左右为难，不好处理。田家英以前对我一直都很好，可在这次调查中却老挑我毛病，只要是被陈伯达肯定和支持的事，他都说我办得不好。

> 在整个调查过程中，陈伯达只同调查组全体成员见过一次面，讲过一次话，去过一次天津第一钢厂。除此之外，与调查

组再未照过面，撒手不管了，怎么可能同戚本禹接触多起来了，还经常要戚向他汇报工作？在天津机床厂的调查组，组长是高禹，陈伯达即便要听汇报，也应是高禹去汇报，上面还有一个柴沫秘书长，轮不到戚本禹。不仅如此，戚本禹竟说在与陈伯达经常接触中，发现陈伯达和田家英的矛盾已经很大了。在1961年那个时候，戚本禹是不可能了解陈、田之间的关系的。不知道戚本禹又是从哪里听到一点风声，就做起"文章"来了。戚本禹说什么他被夹在陈、田中间左右为难，只要是陈肯定和支持的事，田都说他办得不好，老挑他的毛病。这纯粹是捏造，一为了抬高他的身份，二为了捧陈贬田。

九、关于办《群众反映》

戚本禹在《回忆录》里说：

在1961年底，我参加天津调查结束以后，仍然回到了中南海的秘书室。在讨论我的工作安排时，田家英说，戚本禹农村也去过了，工厂也了解了，毛主席又说他是个好同志，那就应该让他做些重一点的工作、全局性的工作了。

那时的秘书室还是照例每天都要把群众的来信来访整理出来，汇总后写成报告呈给主席。以往我在秘书室的时候，汇总的工作通常是由我来做了。可那时候经常会遇到一个问题，主席在看了我们送上去的反映群众意见的报告后，经常会直接在上面作出批示。我们送得多了，主席的批示也就多了。这样一来，不仅刘少奇、杨尚昆他们有意见，连周总理有时也会有意见。因为许多事情他们都还不知道，主席已经知道了，主席一旦批示，这就让他们感到很被动。尤其是在1959年初主席宣布退居二线之后，这个矛盾就更明显了。

这个时候，田家英他们就商量了，干脆我们秘书室就搞个刊物，把群众来信来访所提出的意见都集中在这个刊物上，把它们综合地反映出来，然后把刊物分送给主要的中央领导。

这就是从戚本禹口中说出的办《群众反映》的由来。应当说，办这个内部刊物是一件好事。戚本禹为办刊是出了力的，做出一定的成绩。但他自我吹嘘太过分，说什么田家英要他做秘书室全局性的工作。当时秘书室的领导有田家英、陈秉忱，全局性的工作怎么也轮不到他。

戚说，秘书室每天都要把群众的来信来访整理出来，汇总后写成报告呈主席，而汇总工作通常是他来做。

当年负责处理群众来信的李公绰、沈栋年，负责处理群众来访的吕澄,领导打字室工作的王象乾,异口同声地说:"根本没有这个事,绝对没有,绝对不可能,这纯粹是戚本禹吹牛。"

戚本禹为了夸耀自己的工作成绩,写了这样一段话:

> 头几期出来之后,我就找了林克,让他去跟主席说,现在群众来信不送了,改成送《群众反映》了。没想到,在开头的几期《群众反映》上面,主席就一连作了三次批示。这一下子就把这个刊物搞得影响很大了。后来,我问林克,主席是不是经常看《群众反映》?林克说,你不用问了,少送一期都不行,主席要来催问的。在"文革"的时候,叶群也跟我说过,林彪对《群众反映》也是每期都看,一期不落。几天没有看到,他就要问,《群众反映》呢?

戚本禹还用压低别人的办法抬高自己,他说:

> 前面说了,在《群众反映》创刊前,中央办公厅后楼研究室其实已经有一个《情况反映》[1],是杨尚昆他们主持搞的,主席是经常看的。但是田家英把自己想创办的《群众反映》的报告送交上去后,主席还是立即批示同意了。而且,《群众反映》出来后,毛主

---

[1] 应是《情况简报》,《戚本禹回忆录》误为《情况反映》。

席也是每期必读，毛主席对《群众反映》的批示就比对《情况反映》的还要多。这说明这份小刊物的影响力很快就超过了《情况反映》。

参加座谈的当事人，都觉得戚吹得太玄了。林克早已作古，死无对证，戚就可以爱怎样说就怎样说。林克这个人温文尔雅，说话很平和，更没有夸张的口吻。戚编造林说过的话，一点也不像，倒是很像戚本禹本人的口气和语言。

李公绰说："《群众反映》没有那么大的作用，就是反映葛慧敏用军用飞机运鸡那期引起一些轰动，引起谭震林不满。"

王象乾说："戚说《群众反映》林彪每期都看，几天没有看到，他就要问。我曾打电话问过林彪的秘书，问林彪对《群众反映》有什么批示，是不是每期都看？秘书说，没有批示过，不是每期都看，有时我们挑一点送给他看。"

毛主席对《群众反映》的前几期，真的一连做了三次批示吗？毛主席对《群众反映》的批示真的比《情况简报》还要多吗？戚本禹离开秘书室，由别人接办的《群众反映》，主席真的就不大看了，也没有什么批示吗？拿事实来说话吧！查了一下《毛泽东年谱（1949—1976）》，毛主席批示《情况简报》共二十一期，批示《群众反映》只有五期，而这五期都是在戚本禹离开秘书室之后，由别人接手编辑的，戚本禹办的《群众反映》，毛主席一期也没有批示。[1]

戚本禹为了吹嘘自己，压低别人，竟任意地胡编乱造。

更不应该的是，戚本禹借《群众反映》问题，有意地贬损田家英，他说：

> 至于刊登什么内容，田家英也让我来决定。他和我有个默契，他说，重要的事情你得给我打个招呼，其他的你就自己签发好了。……其实，我心里明白，他之所以让我来签发，是万一出了什么问题，他还可以有回旋的余地。果然，后来杨尚昆为了《群众反映》的事批评了田家英好几次（在杨尚昆的日记上就有提到[2]），田家英就都往我头上推。

《群众反映》，田家英让戚本禹签发，这本来是对他的信任，戚本禹却把田家英的好心往坏处去想，反诬田家英想推卸责任，没有担当。戚本禹在《回忆录》中不是说过"田家英有

---

[1]《毛泽东年谱（1949—1976）》所记载的毛泽东对《情况简报》做批示的日期是：1955年5月26日、1955年8月4日、1956年1月21日、1956年4月11日、1957年5月24日、1959年3月20日、1959年10月22日、1959年12月中旬（共两期）、1959年12月27日、1960年1月23日、1960年3月6日、1960年10月27日、1960年12月23日、1961年1月10日、1961年3月18日、1961年3月29日、1962年10月8日、1965年8月20日、1965年8月24日、1965年10月31日。毛泽东对《群众反映》做批示的日期是：1963年12月13日、1964年3月10日、1964年9月27日、1965年8月20日（共两期）。

[2]《杨尚昆日记》中涉及信访工作的只有两处：1962年10月23日日记中写有"上午约田家英、陈秉忱同志谈处理群众来信问题"；同年11月8日日记中写有"晚饭后陈秉忱、戚本禹来谈话"。

个大优点,即使在工作上出了问题,他从来不像陈伯达那样把责任往别人头上推,从来不透过于同级或下属"吗?田家英为人是否有担当,自有公论。

十、戚本禹从秘书室调到"后楼"的真相

所谓"后楼",指中央书记处研究室,因其最初的办公地点位于中南海居仁堂的后楼而得名。关于戚本禹调"后楼"的原因,他的《回忆录》中是这样说的:

> 杨尚昆对我主编的《群众反映》一直都是意见很大的。尽管他有时也经常会找(我)刊登一些批评他所不喜欢的人的东西,但他总是担心我会给他捅出娄子来。特别是因为葛慧敏的事情,搞得他和谭震林的关系很紧张。后来在关于"包产到户"的群众意见专辑问题上,他和田家英都受到了谭震林的攻击。所以他就与田家英商量,调离我的工作。
>
> 大概是1963年中,龚子荣找我谈话,说办公厅"后楼"的《情况反映》,那么多人都没有搞出多少东西来,倒是《群众反映》这么个小刊物,给中央反映了不少情况,所以现在决定把你调到后楼研究室去加强《情况反映》的编辑工作。就这样,我离开了《群众反映》。调

去"后楼"的时候，龚子荣给我登记表上写的是研究员。

关于戚本禹调"后楼"的事，看看《阎明复回忆录》是怎样说的。阎明复写道："60年代初的一天，戚本禹突然到'后楼'二楼翻译组的办公室来看我。他对我说：'我听说上上下下你都处得很好，大家都说你人缘好，而我则很苦恼，上上下下都不喜欢我。所以想向你讨教，该怎么办。'我当然还有点自知之明，不会给戚本禹提什么忠告。我问道，老戚你究竟有什么想法？他说他在秘书室实在待不下去了，想换换环境，能不能到'后楼'工作。我答应试试看。我把老戚的情况向'后楼'综合组组长何均反映了。何均爱才，认为戚本禹有才，答应同田家英商量。后来，老戚就调到'后楼'来了。他专门来看我，表示感谢。"

阎明复同戚本禹关系比较好。他为人正直，实话实说。我们相信他的回忆录里写的这件事是真实的，写出了戚本禹从秘书室调"后楼"的真实情况。

事情的由来是这样的。1963年5、6月间，在中央开展的"五反"运动中，田家英连续几天主持召开中办秘书室室务会议，开展批评和自我批评，着重解决领导班子的团结问题。接着又开全室大会给领导提意见。秘书室的室务会议由各科的科长、副科长组成。那次会议逄先知也参加了。

沈栋年（当时兼秘书室党总支副书记和人事工作）说："田家英和我说过，戚本禹和几个科长都搞不好关系，我很发愁。"

在室务会议上,每个人先做自我检查,然后由大家提意见。当时,大家对戚本禹的意见较多,也比较尖锐。沈栋年的发言,大体上反映了会上对戚的意见。他说:"(一)戚本禹好名,对同志关系缺乏诚意。戚总想他说了算,飞扬跋扈,成名成家思想是中心问题。(二)骄傲自满,盛气凌人,唯我独尊。记仇。你对××同志突然袭击,抛出一批材料,揭发是攻击性质的。嫉妒报复,拉拉扯扯,拉拢打击。"李公绰说:"我记得你(指戚)说过,如果××不服,就再抛一批,坚决把他打下去,如果他再抵赖,我再揭发。戚本禹的心不是很善良。"逄先知也在会上发言,对戚本禹提出了批评意见,着重批评戚的极端个人主义。在逄的发言中有这样一段话:"戚本禹一心想出人头地,总要站在别人之上。谁超过了他,他就打击谁。在室务会议上,也是飞扬跋扈,盛气凌人。戚有合纵连横的本事。"(上述各人发言,均根据当时的记录)

戚本禹看到大家对他的意见较多,想摆脱被动局面,转移视线,就把一位科长同他一起出差时对田家英的议论,当着田的面和盘托出。不久,又撇开室务会议,在办公室走廊里贴了一张大字报,对那位科长无限上纲,抓住一些生活小事,联系家庭出身,用"地主阶级的孝子贤孙"作为标题,进行攻击。这在全室引起轰动和不满。

后来,在全室大会上群众对室领导(包括各科科长)提意见,也有人对戚本禹提了意见。如有人说:"戚本禹以教育者自居，高人一等。在运动中有些个人情绪，像贴大字报，分析得那么高，那么'左'。这些年个人主义发展。"有人说："戚本禹工作闲，常不在，不知到哪里去了。编《群众反映》质量不高，有些文字不通，错别字很多。"（以上均根据当时的记录）

这就是当时的真实情况，所以戚本禹对阎明复说，他"很苦恼，上上下下都不喜欢我""在秘书室实在待不下去了，想换换环境"。而他的《回忆录》里说的却完全变了样，说调他到"后楼"，是杨尚昆、田家英定的，是龚子荣看中了他，让他去"后楼"加强《情况简报》的工作。照戚的说法，杨尚昆既然把他看成是"刺儿头"，担心他"捅娄子"，那么，把他调到"后楼"这个更重要的部门，办《情况简报》，杨尚昆就不怕他捅更大的娄子吗？《回忆录》在他调工作这件事上说谎话，吹自己，压别人，他却没有想到《阎明复回忆录》早已问世，白纸黑字地呈现在世人面前了。

沈栋年说："当年，戚本禹调'后楼'，我就觉得很奇怪。戚本禹思想品质不好，怎么能调去'后楼'。在'后楼'这样重要单位工作的，应该是政治水平高、思想修养好的同志，怎么能调他去？"

十一、戚本禹为什么写《评李秀成自述》？

戚本禹在《回忆录》里说：

1962年底，在我担任《群众反映》主编的时候，我从主席的阅读书目里，知道了他在看太平天国方面的书，于是我也把它找来读了。其中有吕集义编写的《李秀成自述》这本书。以罗尔纲写的《忠王李秀成自传原稿笺证》影响最大。罗尔纲的书毛主席也看了，但他并没有在上面写下什么批示。

　　戚本禹又在说谎。毛主席从来就没有什么"阅读书目"，1962年年底他也没有看过太平天国方面的书。逄先知保存着一本详细记载毛主席要书的笔记本，时间为1957年3月至1966年5月。毛主席要太平天国方面的书，只有两次。第一次是在1963年9月19日，要的是《忠王李秀成自传原稿笺证》（罗尔纲笺证）；第二次是在1964年7月31日（在北戴河），要的是关于李秀成的资料。送给他的资料有：影印的《李秀成自述》、中宣部编印的有关李秀成的资料、7月27日《人民日报》、7月25日《光明日报》、范文澜《中国近代史》。这两次都是在戚本禹的《评李秀成自述》发表之后。

　　当年，田家英对《评李秀成自述》的看法和他对处理这篇文章的态度，逄先知比较了解。逄说：田家英是不大赞成戚本禹文章观点的。他比较赞成周扬他们的观点。戚的《回忆录》里说，田对他的文章开始说"写得挺好"，后来又不让发表，表里不一。这不是事实。事情的经过是:《历史研究》编辑部负责处理戚本禹这篇文章的编辑丁守和,曾打电话给田家英征询对戚文的意见。田家英明确回答"不要发表",并且说"这个人不好"。丁守和将田家英的意见,报告了刘大年。刘大年反复考虑,认为《历史研究》当时如不发表戚本禹这篇文章,将处于非常被动的境地。他的意见是《历史研究》发表戚文,同时发表罗尔纲的一篇表态的文章,做些说明,争取主动。《历史研究》的另一位负责人黎澍是主张发表戚文的。黎澍对戚本禹的文章,密密麻麻地做了大量的修改,并将修改稿送田审阅。我当时在场,看过放在田的办公桌上的这个修改稿。黎澍是用红笔改的。田家英说:"如果我的稿子,被人改成这样,我就不发表了。"戚当然不会在意这些,只要能发表就行。果然,文章一出,立即引起很大反响,一鸣惊人。

这里还要澄清一个事实。《回忆录》中说:

> 田家英对周扬他们在批判我之前,没有给他打个招呼也不满意,他气愤地说,他(指周扬)太霸道了。

根本没有这回事。在李秀成评价问题上,田与周的观点基本一致。况且田又不管中央宣传部的事,周扬不需要给他打招呼,对这种工作关系,田家英还能不清楚吗?

戚本禹在《回忆录》中说过:

我最想做的事情就是我写的文章能让主席看了满意。

这句话透露了他的心机。1961年5月,田家英曾将戚本禹送给他的一份材料《关于"调查研究"的调查》,报送毛主席。主席做了批示,印发正在召开的中央工作会议。戚本禹一下子在党内出了名,尝到了甜头,很是满足了他出人头地的意愿。这次关于李秀成的文章,他知道田家英是不会替他转送毛主席了。此路不通,就另找出路。戚本禹说:江青"从《历史研究》看到我的文章,觉得好,就把文章连同《北京晚报》的报道,和《光明日报》的内部动态一起送给了主席"。

江青是怎样看到《历史研究》刊登的戚本禹文章的呢?吕澄说:"我听朱固[1]说,戚本禹是通过江青把文章送给了毛主席。关于李秀成的文章,本来是戚本禹与朱固合写的,朱固还到北京图书馆借过有关李秀成的书。文章发表了,只署戚本禹一个人的名字,朱固很有意见。"

前面我们说过,戚本禹说1962年年底知道毛主席正在看太平天国方面的书,他也找来读了。这虽是谎话,却泄露了戚本禹内心深处的方向标:投毛主席所好。戚希望在这上面做些文章,出了名,有朝一日就可能受到重用,得到提拔。果不其然,戚本禹连篇累牍地发表言辞十分激烈的大批判文章,就跃升到

---

[1] 朱固,当时任中央办公厅秘书室二科科长,"文化大革命"初期在戚本禹办公室工作。

"中央文革小组"成员的高位。但是，在他的笔下，不知多少人被害，包括老一代革命家和一些著名的学者。邓小平在"文化大革命"前夕就曾说过："我们一些'左'派，就是踏着别人的肩膀向上爬。"话中所指，就有戚本禹。

戚本禹在《回忆录》中说：

> 我写的文章受到主席肯定，这下可出了名了。胡乔木、田家英等都提出要和我合作写文章。江青知道了，就对我说，你找他们干什么，她让我去找康生。田家英、胡乔木和江青的矛盾很大。江青最早看出这两个人不可靠。后来的历史也证明，江青是对的。

戚本禹真是不知天高地厚，造出这样不知羞耻的谣言，来抬高自己。谁也不会相信，就凭他发表了这么一篇文章，被誉为"党内第一支笔"的胡乔木和被戚称为"恩师"的田家英，会找他戚本禹合写文章！"田家英"三个字之后，还有一个"等"字，不知还有什么名人找他合写文章？

戚本禹一有机会，就吹捧江青，打压胡乔木、田家英。这正说明他是江青死心塌地的同伙。历史是公正的，被戚本禹颠倒的历史，早已拨正过来了。

十二、从1962年的"包产到户"问题说开去

戚本禹在《回忆录》中说：

> 1962年刮"单干风"的时候，当年6月，田家英从湖南调查回来，他先到刘少奇那里作了支持"包产到户"的报告。刘少奇鼓励和支持他的意见，并要他向主席建议在全国实行"包产到户"的改革。接受了刘少奇的指示以后，田家英再去毛主席那里，他按刘少奇的意见向毛主席提出了"包产到户"的建议，受到了主席的批评。后来主席问他，这"包产到户"是你自己来说的，还是谁叫你来说的……田家英却坚持说，是他自己的意见，不是别人叫他来的。主席从此就不再信任他了，也很少找他。

戚本禹还说：

> 田家英是毛主席的秘书，是主席叫他到湖南农村做调查的。回来后，理应首先去向毛主席汇报的。怎么能先去刘少奇那里作汇报，并接受刘少奇的指示去向主席提什么建议呢？而且明明是刘少奇叫他向主席提建议，当主席问他的时候，他却还在主席的面前不说真话呢？

这些话,一看就是戚本禹道听途说来的,或者看了什么有关文章后加工改造写出来的。老实说,在这件事情上,戚本禹没有发言权。

1962年,派田家英到湖南调查,包括调查的具体地点,都是毛主席在杭州当面向田家英说定的。主席提出调查四个地点:韶山大队(主席家乡);大坪大队(即唐家坨,主席的外祖家);宁乡炭子冲大队(刘少奇家乡);天华大队(刘少奇曾在这个大队做过调查,后来调查组没有去)。毛主席还特别嘱咐田家英,问问少奇同志那里派什么人去参加调查,他对调查有什么意见。所以调查组凡是关于炭子冲大队的调查报告都送刘少奇。

戚本禹不是说,田家英是毛主席的秘书,理应先去向毛主席汇报,怎么能先去刘少奇那里汇报呢?戚本禹有所不知。田家英是6月下旬回到北京的,当时毛主席正在外地,一时半会儿还回不来,所以他先向刘少奇汇报了,这有什么大惊小怪的。汇报的情况是这样的:田汇报刚开个头,就被性急的刘少奇打断了。刘少奇说现在的情况已经明了了,随即提出他的分田主张。刘要田对他的主张在秀才中酝酿一下,不要说是他的意见。刘少奇并没有要田家英向主席建议在全国实行包产到户。只是当田家英问刘,你的意见可不可以向主席说时,刘少奇说可以。

田家英一回到北京,就急着要向毛主席汇报,打电话给汪东兴,问主席什么时候回来。回复的电话是:"主席说不要着急嘛!"当时主席正在邯郸。

7月6日,毛主席回到北京,当天就在中南海游泳池听取田家英汇报。田家英主要是陈述他自己的意见和主张,大意是:现在全国各地已经实行包产到户和分田到户的农民,约占百分之三十,而且还在继续发展。与其让农民自发地搞,不如有领导地搞,将来实行的结果,包产到户和单干的可能达到百分之四十,另外百分之六十是集体的和半集体的。现在搞包产到户和分田单干,是临时性的措施,是一种权宜之计,等到生产恢复了,再重新把他们引导到集体经济。田把他的这个意见概括为"四六开"。毛主席问田:这是你个人的意见,还是其他人的意见?田说是他个人的意见。毛主席对田家英的意见没有表态,只问了一句:你的意见是以集体为主还是以个体为主?田家英一下子被问住了,没有答上来。

过了两天,7月8日,毛主席召集刘少奇、周恩来、陈伯达、田家英等人开会。会上,毛主席批评了田家英,说他不去修改"六十条",却去搞什么包产到户、分田单干。受到毛主席的批评,田家英没有精神准备,那天晚上田家英心里非常烦躁。从那以后,田家英就逐渐失去了毛主席对他的信任。

戚本禹在《回忆录》里,别有用心地从包产到户扯到田家英与刘少奇的关系。他说:

刘少奇出任国家主席后,在一些人的心中引起了很大的波动。这些人都是很聪明的人，或许也包括田家英。他或许认为毛主席毕竟老了，而刘少奇对他很器重。这跟后来汪东兴投靠林彪是一个道理。

戚本禹口口声声说："田家英是我的老师，有恩于我，有情于我，我一辈子不会忘记的。"他却在转眼之间，就这样诬陷田家英。

网上还传出戚本禹对人说过这样的话：

> 主席为什么不信任田家英了呢？这主要是他和刘少奇的关系。毛主席当中华人民共和国主席时，田是主席办公厅副主任，当主席不当中华人民共和国主席，而换上刘少奇时，他没有辞去主席办公厅副主任的职务，而继续留任；他给刘少奇打电话，问他应该怎样工作。刘说：你过去怎么做就怎么做。在以后的日子里，他经常到刘少奇那里去。他每次什么时间去，什么时间出来，都被刘宅的警卫战士记录下来了——这当然是他们的工作职责。有时去的时间很长。汪东兴把这种记录报告或交毛主席，毛主席看了一定不高兴，他会觉得自己的秘书跑到别人那里去了……江青说，田家英是"一仆二主"，就是指这件事情。当我后来接替田家英秘书室主任的工作时，江

青告诉我，在主席身边工作最忌讳"结交诸侯"，这"诸侯"既包括中央的，也包括地方的。

1959年第二届全国人民代表大会第一次会议，选举刘少奇为中华人民共和国主席。戚本禹说刘少奇出任国家主席，"在一些人的心中引起了很大的波动"，并将田家英归在这些人中，这是他以自己阴暗的内心世界去猜度田家英的想法。田家英绝不是这样的人，他在政治上是有操守的，他懂得党的政治规矩和政治纪律。

刘少奇任国家主席后，田家英曾当面请示刘少奇关于主席办公厅副主任的任职问题。刘少奇是说过，继续留任，张经武仍任主任。其实，中华人民共和国主席办公厅这个机构，没有什么实际的工作。戚本禹却在这上面做文章，说什么在以后的日子里，田经常到刘少奇那里去，他每次什么时间去，什么时间出来，都被刘宅的警卫战士记录下来，等等。

为了弄清真实情况，我们问了曾在刘少奇身边工作的秘书和警卫人员。机要秘书李静（现年84岁）说："田家英到刘少奇那里很少、很少，没有印象了。我们那里没有卫士记录。谁来，报告一下就行了，很随便。"秘书姚力文（现年92岁）说："田家英和刘少奇来往不多。"卫士史国瑞（现年92岁）说："没有见过田家英到刘少奇家里，一次没有。"卫士马传忠（现年84岁）说："刘少奇与田家英往来不多。"上述这些人都是刘少奇身边的工作人员，他们最有发言权。

关于田家英与刘少奇的关系，逄先知比较了解。逄说："田家英同刘少奇接触很少。他们的接触主要是两次。一次是1962年田向刘汇报湖南调查。另一次是修改《关于农村社会主义教育运动中一些具体政策的规定（草案）》（即'后十条'）。因为'后十条'，田家英是在谭震林主持下的主要起草人。在包产到户问题上，田家英比较倾向于刘少奇的思想；而在社会主义教育运动（即'四清'运动）方面，田认为刘少奇'左'，特别是表现在修改'后十条'上。刘少奇说'后十条'违反了'前十条'精神，要根据'桃园经验'进行修改，并要田家英随他南下，一起修改。当时田家英感到十分为难，但又不能拒绝。田家英带着我一起去的。离京的前一天，田家英报告了毛主席并请示对修改'后十条'有什么指示。毛主席主要讲了两点：第一，不要把基层干部看得漆黑一团；第二，不要把大量工作队员都集中在一个点上。毛主席这两点意见，田家英在飞往南方的专机上，向刘少奇做了传达。刘少奇没有说什么。这次修改'后十条'，刘少奇要田家英按照'桃园经验'的精神进行修改。这确实难为田家英了，因为要按照自己没有想通的意思去改'后十条'，所以改得十分吃力，难以落笔。文件改完后，田家英立即从广州回到北京，不愿意再跟着刘少奇到广西等地去考察了。从那以后，据我了解刘少奇只找过田家英一次，让他开一个读马列著作的书目。从此他们之间再没有来往了。江青、戚本禹诬陷田家英是'一仆二主',能成立吗?"

这里顺带澄清一下《回忆录》中对刘少奇生活方面的攻击。戚说:刘少奇一家单独住了一个院子,屋里摆设豪华,吃螃蟹只吃蟹黄,等等。

其实,刘少奇的生活是很简朴的,对子女的要求也很严格。有一次,他的儿子进了他的办公室,受到刘少奇的训斥。刘少奇说:这是我的办公室,有机密文件,今后不准进来!关于刘少奇搬家的事,据刘身边的人说,刘少奇原来住在楼房里,爬楼困难,就搬到怀仁堂北边的一个院子里。这里原是林伯渠住的地方,林老去世后,家属搬出中南海,院子空出来了。刘少奇的卫士马传忠说:"屋内摆设比较简朴,没有什么豪华的东西。"李静也说:"屋内摆设,太简单了。"

戚本禹还根据一些不实的材料演义出一个毛、刘关于"四清"问题的对话。《回忆录》中说:

> 主席说这次运动的重点是整党内那些走资本主义道路的当权派的时候,刘少奇当场就提出来,谁是走资本主义道路的当权派?你说出来听听。毛主席当场就点了两个人的名,说煤炭部的张霖之和地质部的何长工就是。

请问,刘少奇能这样用质问的口气向毛主席发问吗?毛主席真的点名张霖之就是走资本主义道路的当权派吗？没有的事。戚本禹演义出这个对话，就是为他自己的罪行开脱，因为他对张霖之被迫害致死负有直接的重大责任。你看，照他那样说，"文化大革命"前毛主席就已经定了张是走资派，再加上戚在《回忆录》里罗列张在任煤炭工业部长期间的一些矿难情况以及生活腐化等等，这样的走资派还不该批斗吗？戚本禹常常编造或者根据不实材料演义出一些"故事"，达到他个人的目的。

关于毛、刘对"四清"问题的争论，是在1964年12月20日中共中央政治局常委扩大会议上。会议规模不大，有三十一人参加。会议记录根本就没有《回忆录》中所说的毛、刘那样的对话，也根本没有提到张霖之。关于这次会议的情况，中央文献研究室编写的《毛泽东传》和《毛泽东年谱》根据会议记录这个权威档案，都进行了比较详细的记述。

"文化大革命"中戚本禹整人，心狠手辣。据当年参加批斗刘少奇的人后来交代，1967年在中南海内批斗刘少奇，戚本禹是直接指挥者。他对参加批斗的人交代：要搞得热烈，要杀气腾腾，不要文绉绉的，要斗出水平来，还要拍电影。可以摁头，可以让王光美低头。7月18日，毛主席在武昌东湖宾馆召集周恩来、谢富治、杨成武等开会时，批评了北京中南海造反派批斗刘少奇的做法，说不要面对面搞，还是背靠背好。

戚本禹为了攻击别人，在一些大事情上胡编乱造一些"故事"，就是在一些小事情上也同样胡编乱造。例如，《回忆录》

中《在中南海工作的日子》这一部分，一开头就编造一个关于挂蚊帐的"故事"。当时，逄先知、戚本禹刚刚调到秘书室，彼此还不熟悉。戚说，只有逄先知有蚊帐，别人没有，他和几个人一起给逄先知提意见，逄就给田家英打小报告。"故事"写得很生动，活龙活现，不知情的人很容易信以为真。其实，这完全是无中生有的编造。当时大家都有蚊帐，戚本禹本人就有蚊帐。那时，管生活的也不是逄先知，先是周惠年（师哲的夫人），后是石荣年（燕京大学学生）。说逄给田家英打小报告，更是无稽之谈。这里请读者注意一下，在《戚本禹回忆录》的另一个电子版上是这样说的："逄经常主动给田家英打小报告，把我们的情况一五一十地报告给田，后来当了田家英的秘书。"戚本禹心虚，觉得这样说太离谱，在正式出版的《回忆录》中就改了个写法。从这件小事情上也能看出戚本禹是一个什么样的人。

再举几个例子。

戚本禹在《回忆录》中说：

田家英的中央办公厅副主任，是杨尚昆、邓小平提拔他担任的，他因此对杨尚昆、邓小平一直怀有感激之情。他跟我说，还是杨公、邓公想到我呀。可这样一来，他就必须经常向杨尚昆去汇报工作了。1958年大跃进的时候，邓小平去东北视察工作的时候，是带着田家英一起去的。田家英在大兴安岭被一种毒虫咬伤，整个手臂都肿了起来。邓小平下令要省里的医院不惜一切代价给他治好。他对这件事情也是一直铭记在心的。

知情人一看就知道，这都是戚本禹道听途说，添枝加叶编造出来的。那次东北之行陪同去的人比较多，有李富春、薄一波、杨尚昆等。田家英带着逄先知一起去的。逄是亲历者，他说："首先，戚说的时间就不对。邓小平那次视察东北，是1964年夏，不是1958年'大跃进'的时候。邓视察的地方是小兴安岭，也不是大兴安岭。说田被毒虫咬了，邓下令要医院'不惜一切代价给他治好'，这是凭空捏造的。田没有被毒虫咬，什么病都没有。"戚本禹真是一个谣言公司，千奇百怪的谎话都能编造出来。为了说田家英对邓小平感恩并投靠邓，就捕风捉影地编造出这样一个故事。

田家英从1948年起，给毛主席当秘书十二三年，由于做出的工作成绩，特别是在1961年领导浙江农村调查和担任"农业六十条"主要起草人之一，做出突出贡献，才升任中办副主任。

戚本禹对自己在"文化大革命"中所干的坏事，避而不谈，或者把责任推到别人身上，同时，又隐瞒对他不利的事实真相。1966年5月22日，安子文、王力、戚本禹三人来到中南海永福堂田家英住处，向田家英宣布中央的决定：停职检查，工作由戚本禹接管。特别指出田家英犯了两个错误：（一）一贯右倾；

(二）同杨尚昆的关系不正常。而《回忆录》却轻描淡写地说：安子文"很平和地说，家英啊，你犯错误了，中央现在决定，即日起你停止工作，进行检查"。"在整个谈话中，安子文的态度都是平和的。他只谈田家英有错误，并未谈到具体是什么错误，更没有要田家英搬出中南海。"戚本禹故意回避问题的要害，即安子文宣布的田的两个错误。在当时来说，这两个错误对田家英的压力是很大的。他在前一天已经从别人那里知道，中央已经将彭、罗、陆、杨定为反党集团。他很紧张。

《回忆录》里说：

> 1966年田家英出事后，我们"八司马"因为与田家英关系较好，有人就借机整肃我们，说我们是田家英的余党，但没有成功。

那时的戚本禹已是红极一时的人物，又接替了田家英的工作，谁还敢整肃他，谁还会把他打成田家英的余党？这种骗人的话，谁会相信？

戚本禹还说：

> "文革"初，批斗田家英，我不积极，我心里同情他，结果被指责犯了"小资产阶级温情主义"的错误。

其实，戚本禹是十分积极地要大家揭发田家英。1966年5月23日上午，即令田家英停职检查的第二天，戚本禹就到秘书室召集全体科长开会，也叫逄先知参加，要大家揭发田家英，特别要逄先知揭发。王象乾说："1966年5月23日，戚本禹召集秘书室室务会议，一个人头一个人头点名，要大家揭发田家英。"不久，戚又把秘书室的科长们凡与田家英关系较深或较好的，都划为"黑帮"。戚本禹不仅要秘书室的人揭发田家英，还要马列主义研究院的缪楚黄等三人"大力揭发"（戚本禹原话）田家英。他们三人，一直在田家英领导下，根据毛主席的指示，对《毛选》前三卷的注释进行校订工作。戚本禹这样煽动、威逼上述这些人揭发田家英，能说他对田有温情主义吗？能说戚是"心里同情他"吗？

戚本禹在《回忆录》中说：

> 一天晚上他（指逄先知）在家里烧文件，烧得满屋子都是烟。然后他把烧过的东西，放到抽水马桶里冲掉。因为烧的东西太多，有些纸没有烧尽，结果就把下水道给堵了。

逄先知说：我在田家英出事后，是销毁过一些材料，不是文件，也不是烧的。这件事，我当时就交代清楚了，后来组织上也已查清。几十年后，戚本禹别有用心地旧事重提，我在这里必须加以澄清。我销毁的材料,是参加《毛泽东选集》第5卷工作时,为了工作需要,做的一些毛主席重要著作摘要。当时是在一种紧张的情况下干出来的一件蠢事。是销毁什么东西把抽水马桶堵了呢?是一个笔记本,里面记有我在1963年秘书室室务会议上批评戚本禹的发言稿,害怕戚本禹报复,才下决心销毁。这个笔记本很厚,是道林纸的,有一个厚纸壳子,这一下就惹出了大祸!

逄先知说:"戚本禹采取他在《回忆录》中一贯使用的造谣诬蔑、夸大其词的手法。说什么我写了一百多张纸的揭发田家英的材料,这完全是夸张。"戚本禹甚至说我揭发田家英说过:"主席死后,也会摆在水晶棺里,最后,也会像斯大林那样,被后人焚尸扬灰的。"这是十分恶毒的造谣诬蔑,既是对田家英的诬陷,又是对我的诬陷。

参加座谈的同志都说,1962年以后,田家英虽然对毛主席有些不满,但绝对不会有这样的仇恨。田家英总是希望重新得到毛主席的信任。1962年以后,每当主席让他办一件事的时候,他总是很高兴。例如,1963年毛主席要他协助编辑《毛主席诗词》,他尽心尽力地完成任务,主席很满意。又例如,1964年、1965年经毛主席同意,先后编辑出版了《毛泽东著作选读》乙种本和甲种本。又例如,1964年他根据毛主席的指示,带领一个班子,经过调查研究,主持起草了《中华人民共和国贫农下中农协会组织条例》,得到毛主席的肯定。直到安子文等三人向他宣布中央决定，他才感到完全绝望了。逄先知说：我想也想不出戚本禹编造的这种话。大家都知道，毛主席很早就提倡火葬。他是在1956年《倡议实行火葬》的倡议书上第一个签名的。在倡议书上签名的党内外人士共136人，田家英也在倡议书上签了名。"文化大革命"前，谁能想到毛主席逝世后会长眠在水晶棺里，那时想的都是遗体应火化。用水晶棺长期保存毛主席遗体，是在毛主席逝世后，才由党中央决定的。据负责保存毛主席遗体的专家说，他们当时毫无准备。这时田家英已去世十年了。戚本禹造谣的时候，根本不顾这些重要事实，反正想怎么诬陷你就怎么诬陷你。

关于田家英的自杀，和对田家英的看法，毛主席是什么态度？长期在主席身边工作的谢静宜曾问过他。1972年原中办副主任王良恩自杀后，谢静宜问毛主席，中办两个副主任都自杀，问题有那么严重吗？毛主席严肃地对她说："我看不一定，至今我也不清楚有什么了不得的事。若干年后也许能搞清楚，也许还不一定。田家英是我的秘书，他为我做了很多工作，他爱学习，是个有才干的人。"（见谢静宜《毛主席身边工作琐忆》一书）

逄先知说：1976年，我在江西进贤县中办"五七学校"劳动，在一个连队的后勤班编竹筐。有一天，一个在毛主席身边工作的人（他们是到干校来短期劳动锻炼的），专门到我编筐的屋子，坐在门槛上，对我说："主席说，田家英要是不自杀，也没有什么。"

党的十一届三中全会后，1980年1月21日中共中央作出关于为田家英平反的决定。1980年3月28日，经中共中央批准，在北京举行田家英追悼会，由邓力群主持并致悼词。

十三、从政治巅峰到阶下囚——戚本禹的政治生涯

戚本禹在"文化大革命"初期，特别是发表《爱国主义还是卖国主义》一文之后，达到了他的政治巅峰，成为一个呼风唤雨、不可一世的人物。后来戚本禹被关起来，他的一个心腹写材料揭发戚本禹想当总理，戚对他们说，"那个最大的保皇派不行了，要下来"。他所说的"最大的保皇派"指的就是周总理。

其实，从戚本禹的《回忆录》里，也能看出一些蛛丝马迹。戚本禹说：

> 邓颖超是很关心总理的，她那时给我写的条子很多。每次开会晚了，她都叫她的秘书给我送条子过来……叫我让总理早点回去休息。我向江青汇报此事，江青说，总理是太累了，邓大姐说得对，你们要尽量照顾总理，开会太晚不好，应该让总理早退。我说，中央召开的会，让总理早退，我们来主持，这好吗？江青说，不是主持继续开会，而是做好会议收尾工作，这是可以的。

戚本禹把自己抬得这么高，似乎除总理和江青之外就数他了。你看，邓颖超写条子都是给他，而且很多。"我说，中央召开的会，让总理早退，我们来主持，这好吗？"好大的口气！他既不说由"中央文革小组"组长陈伯达主持，也不说由江青主持。这个我们，自然就包括戚本禹他自己了。

大家知道，从1967年"二月逆流"受到批判、成立了"中央文革小组碰头会"取代原来由周总理主持的怀仁堂碰头会后，周总理的处境愈加困难了。而周总理最困难的时候，也正是戚本禹最得势的日子。关于这段历史情况，金冲及主编的《周恩来传》有比较详细的记载。其中写道：

"江青等人十分清楚：对他们最大的障碍正是来自周恩来。自（一九六七年）五月中旬起，北京又出现了直接攻击周恩来的大字报和大标语，提出：周恩来是'资产阶级反动路线的制定者和执行者之一'，'炮打周恩来是当前运动的大方向'，等等。一些造反派还提出'炮打'周恩来的理由：总理是'老保'，保这个，保那个，结果保的都是坏人；国务院许多副总理都垮了，他们的错误不会和总理没有关系；总理的多次讲话与中央文革小组成员的讲话调子相差很远；周总理是'二月逆流'的总根子，等等。

"（一九六七年五月）二十九日，毛泽东又针对正在掀起的'炮打'周恩来的浪潮，在一份材料上批示：'极左派的观点是错误的,请文革同志向他们做说服工作。'第二天,周恩来将毛泽东批件送中央文革小组成员'传阅'……这场闹剧终于被迫悄悄收场。"[1]

关于王、关、戚的问题,《周恩来传》写道:

"(一九六七年)八月二十五日凌晨一时,刚开完中央文革小组碰头会的周恩来,单独约见了才从上海毛泽东处回京的代理总参谋长杨成武,谈了他对近来一系列事件的看法。周恩来特别提到王力的'八七'讲话,指出:这个讲话煽动造反派夺外交部的权,并连锁反应到外贸部和国务院其他部,还有火烧英国代办处以及借口揪刘少奇,把中南海围得水泄不通,宣传上又提出'揪军内一小撮'……周恩来说:'这样下去怎么得了?我担心的是连锁反应。现在,一个是中央的领导不能动摇,一个是解放军的威信不能动摇!'说完后,周恩来把一份王力'八七'讲话交给杨成武,要他转送毛主席看。

"当天上午,杨成武按照周恩来的指示直飞上海,向毛泽东转达周恩来的意见。经过一天的考虑,毛泽东下了决心。他对杨成武讲:'王、关、戚是破坏文化大革命的,不是好人。你只向总理一人报告,把他们抓起来,要总理负责处理。可以先解决王、关,戚暂时不动,以观后效。'

"二十六日中午,杨成武赶回北京,单独向周恩来汇报了

---

[1] 以上两段引文,见金冲及主编的《周恩来传》第4册,中央文献出版社2011年版,第1732—1734页。

毛泽东的决定。周恩来表示，事不宜迟，马上开会。晚上，周恩来在钓鱼台主持召开中央小组碰头会，陈伯达、康生、江青等出席。周恩来宣布'今天的会议，是传达毛主席的一个重要决策'，会后，王力、关锋被隔离审查。第二年一月，根据毛泽东的指示，对戚本禹也作了同样处理。"[1]

毛主席对王、关、戚的处置，英明而果断，对极左势力有所遏制。否则，我们的党、军队和国家还会遭到更大的破坏。

陈毅当时就说："只抓王、关不抓戚，等于没抓。""不抓戚本禹，党心不服，军心不服，人心不服。"可见，在陈毅这些老一代革命家眼里，戚本禹的问题比王力、关锋更严重。

1971年11月14日，毛主席接见参加成都地区座谈会的成都军区和四川省党政的负责人。当叶剑英进来的时候，毛主席说："你们再不要讲他'二月逆流'了。'二月逆流'是什么性质？是他们对付林彪、陈伯达、王力、关锋、戚本禹。那个王、关、戚，要打倒一切，包括总理、老帅。老帅们就有气嘛，发点牢骚。他们是在党的会议上，公开的，大闹怀仁堂嘛！缺点是有的，你们吵一下也是可以的，同我来讲就好了。那时候我们也搞不清楚。王、关、戚还没有暴露出来。有些问题要好多年才搞清楚。"[2]

---

[1] 以上三段引文，见金冲及主编的《周恩来传》第4册，中央文献出版社2011年版，第1737、1738页。

[2] 中央文献研究室编撰的《毛泽东年谱（1949—1976）》第6卷，中央文献出版社2013年版，第417页。

戚本禹在《回忆录》里老是表白自己没有反对总理。毛主席在这次谈话中明确指出，王、关、戚要打倒总理和老帅。戚本禹在《回忆录》中说：毛主席上述这段讲话"是叶剑英传达的。他的传达是否准确，尚待核对"。毛主席这次谈话，毋庸置疑，是有记录的，形成一份铅印的正式文件，题目为《毛主席接见成都地区座谈会同志时的指示》，保存在中央档案馆。

前面说到的毛主席、周总理、陈毅元帅对戚本禹定性的话，就是党对戚本禹所下的政治定论。1983年11月，北京市中级人民法院判处戚本禹有期徒刑十八年。戚本禹成为阶下囚。

*　　*　　*

这次座谈纪要说了那么多，目的就是用我们的亲身经历和观察，并根据中央档案馆保存的档案和其他第一手材料，说明戚本禹是怎样一个人，他的《回忆录》编了一些什么谎言（限我们了解的）。他有一些才能，但心术不正，为了抬高自己，以至实现他的政治野心，可以不择手段地什么都干得出来，可以完全不顾事实，无中生有地编造谎言，而且说得活龙活现。一般善良的人也许很难想到他竟会到这种程度。只有了解了一个人的人品心术，才能准确地判断他所说的话有多少可信度。希望这些我们亲历、亲见、亲闻的事实和引用的档案材料，能对读者避免上当受骗，多少有所帮助。